Franz Wich

Das große Buch der Schultafel

Franz Wich

Das große Buch der Schultafel

Projekte-
Verlag
Cornelius GmbH

Impressum

1. Auflage
© Projekte-Verlag Cornelius GmbH, Halle 2008 • www.projekte-verlag.de
Mitglied im Börsenverein des Deutschen Buchhandels.

Satz und Druck: Buchfabrik Halle
Zusammengestellt und bearbeitet von Olaf Meisezahl

ISBN   978-3-86634-403-7
Preis: 14,95 EURO

Inhaltsverzeichnis

Einleitung	7
Pädagogik in der Geschichte der Menschheit	8
Johan Amos Comenius – Urvater der heutigen Didaktik	12
Johann Heinrich Pestalozzi im Vergleich	19
Die Revolution der Unterrichtsform durch die Schultafel	21
Die Schultafel	21
Die alte Tafel	21
Neuerungen	23
Schaffung einer umfangreichen Schreibfläche	25
Wandtafelanstrich an den Wänden	31
Leichte und bewegliche Tafeln	31
Wesen der Wandtafel	31
Die verschiedenen Konstruktionen der Schultafel unter Beachtung der äußeren Einflüsse auf die Entwicklung	32
Arten von Schultafeln um 1900	32
Die verschiedenen Materialien der Schultafel	46
Holz	47
Schiefer	53
Linoleum	61
Glas	62
Stahlemaille	74
Aktuelle Tafelarten	81
Die Lehrmethodik an der Tafel	86
Tipps und Hinweise für die Tafel	86
Körper- und Kreidehaltung	86
Das Wandtafelzeichnen um 1930	87
Lehren mit Hilfe der Schultafel	95
Die Farbe der Tafel und der Kreide	98
Die Bildwirkung: Hell-Dunkel	98
Farbe der Tafel und der Kreide	98
Zubehör der Schultafel	107
Die Kreide	107
Schwamm und Lappen zur Reinigung der Tafel	111
Winkelmesser	113
Zeigestock / Rohrstock	113
Zirkel	114
Lineale	115
Winkeldreieck	115
Die Zukunft der Schultafel	119
Schultafeln als Motiv auf historischen Postkarten	125
Literatur- und Quellenangaben	134

Im Laufe der letztvergangenen Jahrzehnte sind in den meisten Staaten die Anforderungen an die Volksbildung bedeutend gesteigert und erweitert worden. An alle Lehranstalten sind höhere Forderungen herangetreten und unausbleiblich war eine Vermehrung der wöchentlichen Unterrichtsstunden, somit auch ein längerer Aufenthalt in den Schulräumen. Staats- und Gemeindebehörden sind daher eifrig bemüht gewesen, die Bildungsstätten der Jugend so herzustellen, dass sie nicht nur ein schönes Aussehen hatten und den Schönheitssinn befriedigten, sondern auch den Anforderungen der Gesundheitspflege voll und ganz entsprachen. So sind denn die alten, zum Teil engen und niedrigen, Luft und Licht in ungenügender Weise gewährenden Schulhäuser beseitigt, und an ihrer Stelle grosse, geräumige, helle Schulgebäude errichtet worden.

*Doch ist damit noch nicht allen Anforderungen der Hygiene Genüge geleistet, denn es gehört dazu auch eine **gute Ausstattung der Schulzimmer**. Diese fordert aber nicht nur der Arzt, sondern auch der Pädagog. Soll eine Arbeit, die ihm gegen früher ungleich grössere Lasten auferlegt, etwas erleichtert werden, sollen sich seine Schüler während ihres Aufenthaltes im Lehrzimmer wohl fühlen, dann müssen ihm an der Stätte seiner Wirksamkeit auch solche Geräte und Lehrmittel zu Gebote stehen, die in jeder Beziehung praktisch und dazu bequem sind.*

Daher haben sich Fabriken pp. bemüht, für solche Ausstattungen zu sorgen, und auch unser Streben ist stets darauf gerichtet gewesen, auf Grund vielseitiger Studien der Schulgesundheitspflege und im Verein mit Aerzten und praktischen Schulmännern das möglichst Beste auf diesem Gebiete herzustellen. Inwieweit uns solches gelungen ist, dafür sprechen sowohl die uns gewordenen, am Schlüsse dieses Katalogs aufgeführten Anerkennungen und Zeugnisse, als auch die grosse Anzahl der Lehranstalten, die mit unsern Fabrikaten ausgestattet sind.

*Die wesentlichsten und wichtigsten Austattungsgegenstände eines Schulzimmers sind **Bänke, Zeichentische, Wandtafeln, Katheder, Lese- und Rechenmaschinen, Apparate zum Befestigen der Karten und Bilder, Schränke etc.** Alle diese Gegenstände werden in unserer Fabrik gefertigt ...*

*Da ein grosser Teil der Schulaufgaben aber auch in das Haus verwiesen wird, ist es notwendig, im Hause ebenfalls einen den Anforderungen der Gesundheitspflege und Pädagogik entsprechenden Arbeitstisch zu besitzen. Diesem Bedürfnisse wird von uns dadurch Rechnung getragen, dass unsere Fabrik auch **Hausschulbänke (Kinderpulte)** für jedes Alter verstellbar, anfertigt, ...*

Dresden, im Oktober 1896.
  M. Lickroth

Vorwort aus dem Katalog der Firma
M. Lickroth

Einleitung

Die eigene Kindheit und insbesondere die Schulzeit bleibt jedem Menschen dauerhaft in Erinnerung, sei es der erste Schultag, die erste 5 in Mathe, die ersten „Giftblätter", die erste Liebe, die Angst vor einer Klassenarbeit, das Vergessen einer Hausarbeit oder das Quietschen der Kreide an der Tafel.

Wissenswertes – Neues wie Altes – über die Schultafel möchte ich Ihnen vermitteln. Viel Neues gilt es zu entdecken, Altes wieder ins Gedächtnis zu rufen, begleitet durch wunderschöne Abbildungen aus vielen Jahrzehnten.

Durch jahrzehntelange intensive Recherche gelang es mir, die weltweit umfangreichste Sammlung rund um das Thema Schultafel zu schaffen. Dies gelang mir nur durch großen Aufwand. Den Beruf des „Schultafelbauers/-machers" oder auch „Schultafel-Konstrukteurs" gab es nie, es gab nie einen Sammler für Schultafeln, es war kein Interesse vorhanden. Vielleicht lag es daran, dass man sich nicht gerne an dieses Thema erinnert.

Museen für Schultafeln hat es auch nie gegeben, niemand hat sich um sie gekümmert oder alte Exemplare systematisch gesammelt. Die großen Museen der Welt haben es versäumt, sich um Schulinventar zu kümmern. Es bestehen nur kleinere private Sammlungen. Immerhin gibt es aber 100 – 150 Schulmuseen in Deutschland, die die Erinnerung an die Schultafel teilweise bewahren.

All dies möchte ich jetzt mit Ihnen teilen, bewahrt vor der Vergesslichkeit der Zeit.

Doch was wusste man über die Tafel? Sie war zumeist grün, groß, stand in Front der Klasse, man schrieb darauf und man schrieb davon ab. Doch sie war mehr als nur das, sie war unser ständiger Begleiter, immer anwesend und wich nie von der Stelle.

Die Schultafel war und ist das Werkzeug des Lehrers. Wir, die Schüler, schrieben früher auf Schiefertafeln und später in Schulhefte. Der Lehrer gab uns die Vorlage an der Tafel und wir folgten. Doch warum zog die Schultafel in die Klassenzimmer ein? Wann und in welcher Form? Diese und viele weitere Fragen werde ich in diesem Buch beantworten.

Pädagogik in der Geschichte der Menschheit

Antike

Traditionell hat Erziehung die Aufgabe, bestimmte soziale Einstellungen an die kommenden Generationen weiterzugeben. Dabei geht es insbesondere darum, Religion und Traditionen zu vermitteln sowie die Fähigkeiten, die jemand für eine bestimmte Position in der Gesellschaft benötigt. Da nicht alle Personen einer Gesellschaft Zugang zu allem Wissen erhalten, sondern bestimmte Informationen (Lesen, Schreiben, Rhetorik ...) auf die Führungselite (Könige, Priester etc.) beschränkt bleiben, kann man hier von „Herrschaftswissen" sprechen. Erziehung findet weitgehend in den Familien oder auch Nachbarschaftsgemeinschaften statt. In der Antike fordern die griechischen Philosophen eine umfassende Bildung für die „freien Bürger" und legen eine Grundlage für die öffentliche Erziehung. Griechische Lehrer beeinflussen auch die Pädagogik im antiken Rom maßgeblich.

Mit der Ausbreitung des Christentums wird die öffentliche Erziehung vor allem an die Kirche angebunden. In den Dom- und Klosterschulen wird neben den antiken „freien Künsten" vor allem der christliche Glaube vermittelt. Gleichzeitig entstehen mit dem Vordringen des Islam universellere Bildungsideale, die auch Sprach- und Naturwissenschaften mit einschließen und deren Zentrum in Europa die Universität von Córdoba ist.

Mittelalter und Renaissance

Mit dem Mittelalter werden die Bildungsaktivitäten der christlichen Kirche noch verstärkt und in der Scholastik wird der Versuch unternommen, die Pädagogik von Aristoteles und das Christentum zu verknüpfen. Im 12. Jahrhundert kommt es zu einem Aufblühen der Bildung in Europa, die Klöster sind häufig deren Zentrum, es werden aber auch bis heute bekannte Universitäten (in Paris, Oxford und Bologna) gegründet. Diese Bildung bleibt allerdings dem Adel und dem Klerus vorbehalten – die Berufsausbildung für die übrige Bevölkerung ist derweil Aufgabe der Zünfte.

In der Renaissance verändert sich die Situation: vor allem ein umfassenderes Studium der Antike wird angestrebt. Es ist der Anfang der humanistischen Bildungsideale, die über die Vermittlung von christlicher Demut ein neues, forschendes Lernen anstreben. Dieses wird besonders von der Erkundung und Unterwerfung von immer größeren Teilen des Globus befördert. Neben den kirchlichen Schulen entstehen „Bürgerschulen", in denen die Schüler aus dem Bürgertum die für den Handel notwendigen Kenntnisse im Lesen, Schreiben und Rechnen erwerben können. Für die breiten Schichten des Volkes bleiben allerdings nur so genannte „Klipp-" oder „Winkelschulen", die von der Obrigkeit verfolgt werden.

Neuzeit

Mit der Reformationsbewegung kommt es zu einem Niedergang des katholischen Bildungswesens in den 1520er Jahren. Danach verstärken sowohl die katholische als auch die reformierte Kirche ihre pädagogischen Anstrengungen; so gründet der Jesuitenorden ab 1540 in ganz Europa Schulen. Die protestantischen Schulen dienen vor allem auch der Verbreitung der dazugehörigen Ideologie, die später als protestantische Arbeitsethik bekannt wird: Askese und Arbeit erscheinen als die Daseinsberechtigung und Voraussetzung für den Einzug ins Himmelreich; Rausch und Genuss werden dagegen abgelehnt. Dieser Ansatz wird auch in der Sozialfürsorge angewendet. Waren Almosen bislang ein Teil christlicher Nächstenliebe, wird nun von den Armen selbst ein Beitrag verlangt. Arbeitshäuser und andere Zwangseinrichtungen werden zunehmend zu ihrer Bekämpfung eingerichtet. Im Dreißigjährigen Krieg (1618-1648) werden große Teile Mitteleuropas entvölkert und das Bildungswesen kommt weitgehend zum Erliegen. Geprägt von dem Gemetzel entsteht um 1632 die erste große pädagogische Abhandlung: Jan Amos Komenský (Johannes Comenius): „Didactica Magna", in der er eine Allgemeinbildung für alle Menschen fordert. Neben der Förderung der Muttersprache soll Pädagogik für ihn auf eine gerechte Gesellschaft hinarbeiten, in der Menschen unabhängig von Geschlecht oder Herkunft die gleichen Rechte haben. Sein Ziel ist es, „allen alles zu lehren". Die sich aus diesem Ideal ableitende Schulpflicht wird in den kommenden hundert Jahren in den meisten deutschen Teilstaaten eingeführt. Allerdings keineswegs im Sinne von Comenius: Sie dient vor allem dazu, die Bevölkerung im Sinne der absolutistischen Herrscher zu indoktrinieren. Zur Bekämpfung des Elends werden immer mehr Heime und Arbeitshäuser, wie z.B. die Franckeschen Stiftungen (auch die „Franckesche Anstalten" genannt) in Halle (Saale) eingerichtet. Solche Einrichtungen werden zunehmend auch dazu genutzt, um von der Obrigkeit entführte Kinder der Roma, Sinti und Jennischen zu disziplinieren.

Aufklärung

Währenddessen entwickeln sich in anderen Teilen Europas Wissenschaft und Technik rasant und damit kommen neue aufklärerische Bildungsideen auf. John Locke (1632-1704) formuliert den Gedanken der „tabula rasa", nach dem die Menschen bei Geburt wie ein leeres Blatt seien, das erst durch die Erziehung beschrieben würde. Damit formuliert er einen Grundgedanken der bürgerlichen Pädagogik, in welcher der Erziehung alles möglich erscheint – zugleich sind diejenigen, die von der Erziehung betroffen sind, ein Nichts. Diese Ideologie findet sich auch in dem Roman „Émile oder über die Erziehung" von Jean-Jacques Rousseau (1712-1778); in Deutschland wird sie unter anderem von Christian Gotthilf Salzmann (1744-1811) und in der Schweiz von Johann Heinrich Pestalozzi vertreten. Kindheit wird damit erstmals in Europa als ein eigenständiger Lebensabschnitt wahrgenommen, zuvor werden hier Kinder

9

als „kleine Erwachsene" betrachtet.

Mit der Aufklärung kommen auch Gedanken der Toleranz und Gleichberechtigung von Minderheiten auf. Besonders die jüdischen Ansätze der Haskala bereiten ab 1760 die Emanzipation vor, in einigen „Freischulen" wird auch eine gemeinsame Beschulung jüdischer und christlicher Schüler praktiziert. Die kurzzeitige Gleichstellung der Juden in Deutschland in Folge der französischen Besatzung wird allerdings mit dem Wiener Kongress 1815 rückgängig gemacht.

Mit humanistischen Idealen plant Wilhelm von Humboldt (1767-1835) um 1810 die Neugestaltung des deutschen Bildungssystems. Dabei kann er sich mit der Reform der Universitäten und der Schaffung von humanistischen Gymnasien durchsetzen. Allerdings war er von der Umsetzung des dreigliedrigen Schulwesen enttäuscht, da es seinen Idealen einer aufklärerischen Erziehung entgegenläuft und in erster Linie der Reproduktion der gesellschaftlichen Verhältnisse dient: Die Gymnasien bleiben den Kindern der herrschenden Klassen vorbehalten, die Realschulen vor allem den Handwerkern, die Haupt- und die Volksschule den Arbeitern, Bauern und den Armen.

Mit der Kolonisierung verpflanzen europäische Staaten ihre Bildungssysteme auch in andere Teile der Welt, wobei auch hier die Schulen dazu dienen, die herrschenden Verhältnisse aufrecht zu erhalten. So dienen die deutschen Missions- und Kolonialschulen vor allem der Christianisierung sowie der Erziehung zu loyalen Untertanen. Die Bildungsinhalte sind in der Regel neben religiösen Themen vor allem auf die für die Arbeit notwendigen Kenntnisse beschränkt. Eine ähnliche Bildungspolitik verfolgt auch die deutsche Verwaltung in den besetzten polnischen Gebieten bis 1918. Gegen die Versuche, diese Gebiete auch durch Sprachpolitik zu „germanisieren", gibt es teilweise heftige Widerstände.

Jugendbewegung und Reformpädagogik

Bis ins 20. Jahrhundert sind die meisten pädagogischen Ansätze auf eine gewaltsame Unterwerfung der Kinder ausgerichtet, die heutzutage als Kindesmisshandlung zu werten ist. Gegen die Entfremdung im Bildungssystem fordert die Reformpädagogik zu Ende des 19. Jahrhunderts eine „Erziehung vom Kinde" aus. Hierzu greift sie auf Bildungsideale der Aufklärung zurück, die sie mit einer romantischen Lebensreformideologie verbindet. Gleichzeitig entsteht die Jugendbewegung. „Jugend" erscheint erstmals als ein eigenständiger Lebensabschnitt. In Abgrenzung zur immer umfassenderen Industrialisierung versuchen Jugendliche, z.B. auf Fahrten ihre Sehnsucht nach Freiheit und Natur zu verwirklichen. Neben Ansätzen einer demokratischen Erziehung kommen auch völkische und antisemitische Strömungen auf.

In der Weimarer Republik bekommen erstmals Reformpädagogen wie Gustav Wyneken die Möglichkeit, Bildungspolitik zu gestalten. Nach der Verfassung sollen „Anlage und Neigung" und nicht die soziale Herkunft über die Bildung entscheiden. Gleichzeitig werden weitgehende Schritte zu einer demokratischen

Erziehung gefordert. Die Schülerselbstverwaltung war z.B. an der Hamburger Versuchsschule in der Telemannstraße das oberste Ziel des Kollegiums. Die Trennung der Schüler nach ihrer Klassenzugehörigkeit wird für die Zeit der gemeinsamen Grundschule aufgehoben und damit sollen die Chancen zum sozialen Aufstieg verbessert werden. In dieser Zeit wird im Völkerbund auch erstmals über universelle Kinderrechte diskutiert.

Nationalsozialismus

Alle Versuche einer Demokratisierung werden im nationalsozialistischen Deutschland zunichte gemacht. Die Erziehung im Nationalsozialismus ist geprägt von einem Totalitätsanspruch der Führung gegenüber allen Menschen. So versuchen die Nationalsozialisten durch den Ausschluss oppositioneller Lehrer, die Vorgabe von Unterrichtsinhalten, der Bildung neuer Schultypen, sowie die Erfassung der Jugend in der Hitler-Jugend ihre nationalistisch-rassistische Propaganda möglichst effizient zu verbreiten. Zugleich ist die Diskriminierung und Verfolgung von Juden sowie der Sinti und Roma in den Schulen besonders deutlich nachzuvollziehen.

Re-Education

Mit der Befreiung Europas vom Faschismus tat sich für die Alliierten die Frage auf, wie sie mit der indoktrinierten deutschen Bevölkerung umgehen sollen. Neben der Aufhebung der NS-Erziehungsansätze und einer Aufklärung über die Verbrechen des Holocausts versuchten sie vor allem über die Neugestaltung des Unterrichts eine Demokratisierung einzuleiten. Während in den westlichen Zonen die Abschaffung des dreigliedrigen Schulsystems misslingt, dem die Alliierten eine Mitschuld zuwiesen, und das Schulsystem der Weimarer Republik weitgehend wiederhergestellt wird – allerdings ohne an die Traditionen der Reformpädagogik anzuknüpfen – ist die Umgestaltung im sowjetischen Sektor grundlegender: In der DDR soll ein Modell marxistisch-leninistischer Erziehung die bisherigen Ungerechtigkeiten überwinden. Die spezielle Förderung von Arbeiterkindern sowie die Ziele von „Solidarität" und „Völkerfreundschaft" bringen allerdings erneut ein Bildungssystem hervor, das auf Indoktrination abzielt.

Bundesrepublik Deutschland

Der Restauration der Schule folgte in der BRD eine allmähliche Annäherung an die westlichen Staaten. Unter anderem der Sputnikschock 1957 brachte hier die Notwendigkeit der Reform der Bildungssysteme auf die Tagesordnung. In der Bundesrepublik wurde dies erneut durch Georg Pichts Artikelserie „Die deutsche Bildungskatastrophe" in der Zeitschrift „Christ und Welt" vom Februar 1964 deutlich gemacht. Die Versuche, durch eine Bildungsreform Chancengleichheit herzustellen, kamen nach einigen Erfolgen in den 1970er Jahren wie der Einführung von Gesamtschulen – die von Anfang an stark bekämpft wurden – allerdings bereits in den 1970er Jahren ins Stocken. Die verstärkte Förderung von Kindern aus bislang benachteiligten Bevölkerungsteilen führte zum Bildungsparadox, denn die „Inflation der Bildungsabschlüsse" und die steigende Arbeitslosigkeit führen dazu, dass die bislang bestehenden Ungleichheiten weiter erhalten blieben. Zu diesem Urteil kommt auch die PISA-Studie von 2000, die erneut die Forderung nach Reformen des Bildungssystems laut werden lässt.

Nach 1945 entstanden verschiedene neuartige Ideen, Theorien und Bewegungen, von denen auf jeden Fall die antiautoritäre Erziehung (1968er), die Antipädagogik (1970er) und die Demokratische Erziehung (aktuell) zu nennen sind. Vor dieser Zeit stand die streng autoritäre Erziehung im Vordergrund.

Johann Amos Comenius – Urvater der heutigen Didaktik

Johann Amos Comenius, manchmal auch Komenius, eigentlich tschechisch Jan Amos Komenský (* 28. März 1592 in Südostmähren (?); † 15. November 1670 in Amsterdam) war ein Philosoph, Theologe und Pädagoge.

Geboren wurde Comenius in Ostmähren, der genaue Geburtsort (Nivnice, Uherský Brod oder Komòa) ist nicht sicher bekannt. Sein Vater, der früh verstarb, war Mitglied der Gemeinde der Böhmischen Brüder, einer evangelischen freikirchlichen Gemeinschaft, die am Vorabend des Dreißigjährigen Krieges noch unter dem Schutz des Majestätsbriefes Rudolfs II. stand und eine verhältnismäßig tolerante Behandlung erfuhr. Nachdem auch die Mutter und die Schwestern gestorben waren, wurde Comenius von Verwandten aufgezogen.

Von 1608 bis 1611 besuchte er das Gymnasium der Brüdergemeinde in Pøerov (Prerau), wo er auch den Beinamen Amos annahm. Ab 1611 studierte er Theologie an der calvinistischen Universität Herborn, ab 1613 dann an der Universität Heidelberg. An beiden schrieb er sich unter dem Namen Nivanus bzw. Nivnicensis (d. h. von Nivnice) ein, der Name Komenský (den schon sein Vater trug) tauchte erst 1623 und seine lateinische Form Comenius erst 1627 auf.

Da die Mittel für eine Promotion in Heidelberg fehlten, kehrte er zurück nach Mähren und wirkte 1614-1617 als Rektor und Lehrer an der Brüderschule in Prerau. 1616 wurde er zum Pfarrer der Brüdergemeinde ordiniert. 1618-1621 war er Vorstand der Brüder in Fulnek. Während dieser Zeit heiratete er seine erste Frau, Magdalena Vizovska, eine Verwandte des Bischofs der Brüdergemeinde, seines Förderers Lanecius. Als in der Schlacht am Weißen Berg (1620) die protestantischen böhmischen Stände der katholischen Liga unterlagen, setzte die Verfolgung aller nichtkatholischen Konfessionen ein. Comenius versteckte sich an wechselnden Orten im

Grenzgebiet Mährens, während seine Frau mit seiner Tochter in Fulnek blieb und dort eine zweite Tochter zur Welt brachte. Nachdem Fulnek gebrandschatzt wurde, kamen seine Frau und beide Töchter 1622 durch die Pest ums Leben. Comenius selber fand zunächst für einige Jahre Zuflucht bei Karl von Zierotin auf dessen Gütern in Böhmen. Während dieser Zeit heiratete er 1624 seine zweite Frau, Dorothea Cyrillova, die Tochter eines der vier Ältesten der Brüdergemeine. Aus dieser Verbindung stammten drei Töchter und ein Sohn.

Nach vorübergehenden Aufenthalten in Görlitz, Berlin und Holland und erneuter Rückkehr nach Mähren musste er 1628 mit seiner Familie das Land endgültig verlassen und fand mit Tausenden anderen Vertriebenen im polnischen Lissa ein Exil, wo sie einen eigenen Stadtteil mit eigenem Bildungswesen aufbauten und Comenius für die nächsten Jahre als Lehrer am Gymnasium der Gemeinde ein dürftiges Auskommen fand. Während dieser literarisch höchst produktiven Periode erwarb sich Comenius Ansehen bei den Philosophen und Intellektuellen in ganz Europa bis hin nach Nordamerika. Auf Einladung von Samuel Hartlib unternahm er 1641-1642 eine Reise nach England und stellte dort seine Pansophie vor.

1642 begab er sich auf Einladung des dänischen Industriellen Louis de Geer über die Niederlande – wo er mit Descartes zusammentraf – nach Deutschland und Schweden und ließ sich dann in dem von Schweden kontrollierten Elbing nieder, wohin er auch seine Familie aus Lissa holte. Ab 1644 war er Professor des Elbinger Gymnasiums und unternahm mehrere Reisen nach Deutschland und Schweden. 1648 kehrte er nach Lissa zurück, im selben Jahr verstarb seine zweite Frau. Ebenfalls 1648 wurde er zum ersten Bischof der Brüdergemeinde ernannt und 1649 ging er in Lissa mit Johanna Gajusova seine dritte Ehe ein.

1650 fuhr er dann auf Einladung der in Siebenbür-

Johann Amos Comenius
Quelle: Schulmuseum im Kreismuseum Peine

gen regierenden Rákóczis (mit zahlreichen Aufenthalten in Mähren und der Slowakei) nach Sárospatak (damals zu Siebenbürgen gehörend). In Sárospatak war er mit der Reformierung der fürstlichen lateinischen Schule beauftragt. Nach dem Tod des Fürsten Sigismund Rákóczi (1652) musste Comenius allerdings Siebenbürgen wieder verlassen und kehrte 1654 über die Slowakei und Schlesien nach Lissa zurück, wo er bis zur Zerstörung der Stadt durch polnische Soldaten im Jahr 1656 blieb.

Danach lebte er bis zu seinem Tode in Amsterdam. Hier unterrichtete er einige Jahre seinen Enkel Johann Theodor Jablonski, den späteren Verfasser des Allgemeinen Lexikons der Künste und Wissenschaften. Gestorben ist er entweder am 15. oder am 25. 11. 1670; der 15. ist wahrscheinlicher (der Unterschied ergibt sich daraus, dass in der Gegend damals sowohl der gregorianische als auch der julianische Kalender verwendet wurde). Sieben Tage später wurde er in Naarden begraben.

Im Mittelpunkt seiner Pädagogik steht eine christlich-humanistische Lebensgestaltung. Ein philosophischer Grundsatz seiner Pädagogik lautet: „omnes omnia omnino" (lat.), das heißt: „Alle alles ganz zu lehren". Comenius forderte nicht nur zwangfreien Unterricht, sondern er lehnte Zwang in jeder Hinsicht ab. Das zeigt das Motto auf der Titelseite seines Orbis sensualium pictus: „Omnia sponte fluant, absit violentia rebus" (lat.) das heißt: „Alles fließe aus eigenem Antrieb, Gewalt sei fern den Dingen". Comenius sah Bildung der heranwachsenden Menschen zur Weisheit als den rettenden Weg, auf dem die Menschheit aus ihren verderblichen Irrtümern zurückfinde zu der Ordnung der Welt, wie Gott sie vorgesehen habe.

Als Lernprinzipien stellte er Lernen durch Tun, Anschauung vor sprachlicher Vermittlung, Muttersprache vor Fremdsprache, Beispiel (Vorbild) vor Worte. In seinen didaktischen Werken forderte Comenius eine allgemeine Reform des Schulwesens mit einer Schulpflicht für Jungen und Mädchen aller Stände mit einer einheitlichen Schulausbildung bis zum 12. Lebensjahr, danach sollten die praktisch begabten eine Lehre, die anderen weitere Schulbildung auf der Lateinschule, ab 18 bis 24 an der Universität absolvieren. Revolutionär waren seine Forderungen nach Bildung sowohl für Jungen als auch für Mädchen, Anschaulichkeit und Strukturiertheit des Unterrichts, Bezug des Unterrichts zum Alltag und vieles mehr. Viele Prinzipien sind auch heute ein Bestandteil des Bildungssystems.

Comenius ist der Begründer der Didaktik (Lehrkunst), der er die Mathetik (Lernkunst) gegenüber stellte. Er entwickelte die erste systematisch aufgebaute Didaktik der Neuzeit. Seine bekanntesten Werke sind „Janua Linguarum Reserata" (Die geöffnete Sprachenpforte), die erstmals Sachunterricht und (lateinischen) Sprachunterricht verknüpfte und in zwölf europäische und auch mehrere asiatische Sprachen übersetzt wurde, und der „Orbis sensualium pictus" (Die sichtbare Welt in Bildern), die illustrierte Version der Janua, des „Ahnherrn aller Kinderbilderbücher". Es war nicht nur das erste illustrierte Kinderbuch, sondern zugleich auch die erste Enzyklopädie für Kinder.

Seine pädagogischen Hauptwerke sind die „Pampaedia" (Allerziehung), als vierter Teil der siebenteiligen „Consultatio catholica" und die „Didactica magna" (Große Unterrichtslehre), eine der wichtigsten Schriften in der Geschichte der Didaktik. Comenius kann als der große Pädagoge des 17. Jahrhunderts angesehen werden. Er gab der Pädagogik eine neue Richtung. Comenius war der Erste, der die Pädagogik vom Kind her entwarf. Er sah allerdings die Kindheit noch nicht als eigenständige Phase. Das Kind hatte bei ihm noch keine Gegenwart, wie später bei Rousseau oder Montessori, sondern die Kindheit war die Vorbereitung auf das spätere Leben als Erwachsener, welches dann wiederum die Vorbereitung auf das ewige Leben war. Dennoch richtete Comenius als einer der Ersten die Pädagogik methodisch, didaktisch und inhaltlich nach den unterschiedlichen Kindheitsphasen aus. Zwar noch sehr grob strukturiert, aber immerhin differenzierter als es bis dahin Usus war.

Seine Forderung nach einer grundlegenden, das Wesentliche umfassenden Allgemeinbildung für alle, nach bildungspolitischer Chancengleichheit für Mädchen, sozial Schwache und geistig Zurückgebliebene, die Prinzipien der Anschauung und der Selbstständigkeit, der Erziehung zum Gebrauch der eigenen Vernunft, seine Vorstellung einer lebensnahen freundlichen Schule und einer gewaltfreien Erziehung sind bis zur heutigen Zeit gültig geblieben, ebenso seine Erziehungsziele, die Erziehung des Menschen zur Menschlichkeit und die dadurch entstehende Weltverbesserung.

Seine Hoffnung auf eine humane Welt, auf Fortschritt und Verbesserung des menschlichen Lebens verbinden ihn mit der Neuzeit. Neuzeitlich sind auch seine Vorstellung von der zentralen Stellung des Menschen für den Erneuerungsprozess der Welt, bei ihm allerdings nicht losgelöst von Gottes Handeln. Comenius ist eine Art Bindeglied zwischen der Renaissance und der Aufklärung: Einerseits in der theologischen Tradition stehend, andererseits die Vernunft eines jeden Menschen, die Eigenverantwortung und Selbstständigkeit betonend.

Die vor allem in Österreich in der ersten Hälfte des letzten Jahrhunderts betriebenen Schulen, die nach den Lehren und Schriften Komenskýs unterrichteten, wurden zwischenzeitlich geschlossen. Heute gibt es nur noch ein einziges Lehrinstitut dieser Art in Wien.

„Wenn es keine Bücher gäbe, wären wir alle völlig roh und ungebildet, denn wir besäßen keinerlei Kenntnisse über das Vergangene, keine von göttlichen oder menschlichen Dingen. Selbst wenn wir irgendein Wissen hätten, so gliche es den Sagen, die durch die fließende Unbeständigkeit mündlicher Überlieferung tausendmal verändert wurden. Welch göttliches Geschenk sind also die Bücher für den Menschengeist! Kein größeres könnte man sich für ein Leben des Gedächtnisses und des Urteils wünschen. Sie nicht lieben heißt die Weisheit nicht lieben. Die Weisheit aber nicht lieben bedeutet, ein Dummkopf zu sein. Das ist eine Beleidigung für den göttlichen Schöpfer, welcher

will, dass wir sein Abbild werden."
(Comenius: Über den rechten Umgang mit Büchern, den Hauptwerkzeugen der Bildung. 28.11.1650)

Comeniussche Grundsätze

Bildung = Wissen = sachgemäße und begründete Einsicht in das, was dem Verstand zu erkennen vorgegeben ist.
Bildung = theoretische Bildung (einsichtsvoll, urteilsfähig, verständig) und praktische Bildung (geschickt, gewandt, geübt)
Weisheit = Einsicht, Verstand, Klugheit = Mensch strebt danach
Weisheit = ein dem Denken einleuchtendes Licht, so dass wir nicht bloß die Dinge, sondern die Gründe der Dinge sehen. Denn jedes Ding ist gemacht worden gemäß einer Idee.
Weisheit bringt Licht und damit Wahrheit über die Dinge
Das Licht der Weisheit hat drei Quellen (bei Platon nur eine Quelle, nämlich „die Idee des Guten"):

1.
Natur
Philosophie
Natur

2.
Offenbarung
Theologie
Bibel

3.
Moral
Sittlichkeit
Gewissen
Mensch

Thesen:

1.
Das Einsichtsvermögen ist ein ständiger Forscher nach Wahrheit

2.
Der Wille jagt ständig nach dem Guten

3.
Die Fähigkeit zu handeln ist ständig darauf aus, sich als Werk zu verwirklichen

Es ist Aufgabe der Philosophie, dem Menschen das Herrschen zu ermöglichen. Dazu brauchen wir drei Arten des Wissens:

1. Man muss zuerst Wissen, wozu etwas da ist (Zweck).
Alles hat seine Bestimmung, und nur wenn man diese kennt, weiß man, womit man es zu tun hat. Das, was ein Ding soll, bestimmt sich aus dem, was es ist.

2. Habe ich den Zweck eingesehen, kann ich mir überlegen, wie ich vorgehen werde, um den Zweck zu erreichen. Die Idee ist ständig Maß, an dem gemessen wird, ob und in welchem Grade etwas vollendet ist. Es kann nicht von Gott gedacht werde, dass er etwas ohne Ideen tut, d.h. ohne ganz bestimmte Grundvorstellung.

3. Der Mensch muss auch die Art und Weise einsehen, wie er alle Dinge beherrschen und sich gefügig machen kann. Auch für die Didaktik gilt dieser Grundsatz. Der Mensch soll also die Wege der Natur erforschen. Der Mensch ahmt die Natur nach, indem er zu erkennen sucht, nach welchen Prinzipien und Gesetzen sie arbeitet.

JOH. AMOS COMMENII,
ORBIS SEN-
SUALIUM PICTUS.

Hoc est,

Omnium fundamentalium in MundoRe-
rum & in Vitâ Actionum

Pictura & Nomenclatura.

Die sichtbare Welt /

Das ist /

Aller vornemsten Welt-Dinge und Le-
bens-Verrichtungen

Vorbildung und Benahmung.

NORIBERGÆ,
Typis & Sumptibus MICHAELIS ENDTERI.
Anno Salutis cIɔ Iɔc LVIII.

Deckblatt zur Abhandlung von Comenius: Orbis sensualium Pictus
Quelle: Autor

XCVII.

Schola.

Die Schul.

Schola

Schola 1 est officina, in quâ novelli animi ad Virtutē formantur; & distinguitur in Classes.	Die Schul 1 ist eine Werkstat/in welcher die jungen Gemüter zur Tugend geformet wer- und wird abgetheilet (den; in Classen
Præceptor, 2 sedet in Cathedrâ; 3 Discipuli, 4 in Subselliis: 5 ille docet, hi discunt.	Der Schulmeister/ 2 sitzt auf dem Lehrstul; 3 die Schüler/ 4 auf Bänken: 5 jener lehret/ diese lernen.
Quædam præscribuntur illis cretâ in Tabellâ. 6	Etliches wird ihnen vorgeschrieben mit der Kreide an der Tafel. 6
Quidam sedent ad mensam, & scribunt : 7 ipse, corrigit 8 Mendas.	Etliche sitzen am Tische/ und schreiben: 7 Er/ verbässert 8 die Fehler.
Quidam stant, & recitant memoriæ mandata. 9	Etliche stehen/ und sagen her/ was sie gelernet. 9
Quidam confabulan- ac gerunt se (tur, 10 petulantes & negligentes: hi castigantur Ferulâ (baculo) 11 & Virgâ. 12	Etliche schwätzen 10 und erzeigen sich muthwillig und unfleissig: die werden gezüchtigt mit dem Bakel 11 und der Ruthe. 12

N 4   Museum.

Die Schul.

Abhandlung von Comenius: Orbis sensualium Pictus
Quelle: Autor

Johann Heinrich Pestalozzi im Vergleich

Vor Heinrich Pestalozzi hatten schon andere Persönlichkeiten wie z. B. Martin Luther, Johann Amos Comenius, Jean Jacques Rousseau oder auch Johann Bernhard Basedow gefordert, den Schulunterricht nach den Bedürfnissen und dem geistigen Vermögen der Kinder auszurichten und nicht die Erwartungen der Gesellschaft als Maß für die anzustrebende Bildung der Kinder zu nehmen. Sie alle forderten vom Schulunterricht, dass er anschaulich, natur- und kindgemäß sein müsse. Comenius hat zum Anspruch „Allen alles beizubringen".

Erst Pestalozzi gelang es, einen dementsprechenden Unterricht über Jahrzehnte hinweg zu entwickeln. 1801 erschien seine für den neuen Volksschulunterricht bahnbrechende Schrift „Wie Gertrude ihre Kinder lehrt", in der er seine Methode, anschaulich zu unterrichten, ausführlich erklärte und begründete. Diese und andere seiner Veröffentlichungen fanden ein ungeahntes Echo weit über den deutschsprachigen Raum hinaus.

Pestalozzis Unterrichtsmethode beruhte auf dem Prinzip der Anschauung. „Anschauung ist das Fundament aller Erkenntnis", so lautete sein wichtigster Lehrsatz.

Es war sein Ziel, den Kleinen die alltäglichen Dinge und Vorgänge ihrer eigenen Umgebung durch Vorzeigen, Erfahren oder Begreifen verständlich und dadurch zu eigen werden zu lassen. Wenn die zu behandelnden Gegenstände jedoch nicht im Original vorhanden oder erreichbar waren, so sollten in solchen Fällen Bilder davon als Ersatz herangezogen werden. Pestalozzis Schule galt bald als „Wunderschule".

In etlichen europäischen Fürstenhäusern wurden zu Beginn des 19. Jahrhun-

Pestalozzi, Zeichnung im Schulmuseum Friedrichshafen
Quelle: Autor

derts Schulen und auch Lehrerbildungsanstalten nach dem Vorbild von Pestalozzis Anstalt errichtet. Der von Pestalozzi begründete Anschauungsunterricht war auf jeden neu zu lernenden Unterrichtsgegenstand und alle Altersstufen ausgerichtet.

Es steht außer Frage, dass Pestalozzis „Muttersprachschule" in Deutschland bald immer mehr begeisterte Anhänger fand. War es doch in weiten Landesteilen die Regel, dass die Kinder bei Schuleintritt nur die regionale Mundart sprachen und häufig erst in der Schule Bekanntschaft mit dem Schriftdeutsch machten.

Mit dem neuen Anschauungsunterricht bot sich eine einfach zu praktizierende Methode an, das Schriftdeutsch der Schulbücher zu einer Gebrauchssprache und damit zur gemeinsamen Basis für jeden weiteren Unterricht werden zu lassen.

Da aber solch ein stark auf Übungen in der Muttersprache ausgerichteter Unterricht hauptsächlich in den Klassen der unteren Jahrgänge praktiziert wurde, übernahm man bald die Bezeichnung „Anschauungsunterricht" für den gesamten Unterricht in den Anfangsklassen.

Die amtlichen Bestimmungen von 1872 und auch die von 1902 ließen keinen besonderen Anschauungsunterricht zu, da er Teil aller Unterrichtsfächer sein sollte. Trotzdem setzte er sich in der Praxis immer stärker als separates Schulfach durch. In den Stundenplänen jener Zeiten begegnet uns immer häufiger ein separater Anschauungsunterricht als Schulfach für das erste Schuljahr. In dieser Zeit begann die Schultafel ihren Siegeszug in den Schulräumen. Durch ihren Einsatz wurde die Veranschaulichung vereinfacht. Sachverhalte konnten leichter erklärt und veranschaulicht werden. Der Lehrer nutzte die Tafel u. a. zur Präsentation von neuen Lerninhalten, Rechenaufgaben und gab Vorlagen für das Schreiben, die dann durch die Schüler auf deren Schiefertafeln übernommen, geübt und wiederholt wurden.

Farbe-Schultafel auf Staffelei, Schulmuseum Kornwestheim
Quelle: Autor

Die Revolution der Unterrichtsform durch die Schultafel

Schulmeister mit Tafel (Holzstich), ca. 1800, Gemälde von H. Oehmichen,
Quelle: Autor

Des Schulmeisters Geburtstag, Gemälde von G. Lasch
Quelle: Autor

Die Schultafel
Die alte Tafel

Es ist merkwürdig dass die gute alte Wandtafel, die Matriarchin unter den Lehrmitteln für den Massenunterricht, in der Form so verharrte, während die übrigen Lehrmittel sich der Entwicklung der Erziehungpraxis anpassten.

Es gab in manchen Schulen die alte Holztafel, die aus zwei bis vier gehobelten Brettern bestand, die links und rechts durch zwei breite Leisten, in welche die Bretter eingefügt waren, zusammengehalten wurde, und die dann vom Dorfmaler mit gewöhnlicher schwarzer Farbe gestrichen und mit roter liniert wurde.

Diese Tafel wurde bald blank, in der Mitte war der Anstrich halb fortgeschrieben, fortgewischt und abgeblättert, und die weiße Kreide hob sich von dem braunen Holz kaum ab. Dazu kam, dass das Holz riss, splitterte und je nach den Witterungsverhältnissen breite oder schmale Fugen zeigte.

Die Erneuerung des Anstriches ist ein Kapitel für sich, besonders in den Landschulen. Die mit Farbtöpfen herumziehenden Maler waren in den seltensten Fällen in der Lage, zum Teil auch nicht gewillt, fachmännisch einwandfreie Arbeit zu leisten. Die mit schwerem Geld bezahlte schlechte Farbe blätterte meist ebenso schnell ab wie die Lineatur verschwand. Dies geschah aufgrund der besonderen Eigenschaft von Holz. Holz „arbeitet" bei Kontakt mit Wasser. Dadurch veränderte sich die Struktur von Holz.

Wenn die Tafel auf einem Gestell stand, war auch das Umdrehen keine Freude. Wenn es der Lehrer selbst tat, blieben regelmäßig die Spuren des schmutzigen Kreidestaubes auf seinen Händen und seinem Anzug zurück, und wenn es die Schüler machten, so musste der Lehrer größte Obacht geben, dass besonders in den unteren Klassen die schwere Tafellast nicht allerlei Unheil anrichtete.

Schultafeln um 1840 und 1850
Quelle: Schulmuseum Friedrichshafen

„Ein verkanntes Genie", Gemälde von G. Portieske
Quelle: Autor

Staffeleitafel 1840, „Der Unverbesserliche", nach dem Gemälde von O. Piltz
Quelle: Schulmuseum Friedrichshafen

Neuerungen

Nun brachte die Lehrmittelindustrie zwar mancherlei Neuerungen; sie nutzte statt Holz Schiefer, Schieferüberzug oder Kunstschiefermasse auf Holz oder Sperrholzplatten. Eine weitere Möglichkeit war ein Belag aus Linoleum. Linoleumtafeln sprachen zwar zunächst gut an, aber sie waren der Nässe gegenüber nicht widerstandsfähig genug, und die nach kurzem Gebrauch zu Tage tretende fettige Schicht nahm die Kreide nicht ordentlich an. Auch Glastafeln wurden in den Handel gebracht mit untergelegten oder unterklebten Platten aus schwarzer Kartonage, die sehr zerbrechlich, auch bald blank geschrieben waren, so dass sie durch ein besonderes Verfahren, das aber nur in der Fabrik vorgenommen werden konnte, wieder aufgeraut werden mussten. Ab etwa 1960 waren diese grün.

Überall zeigt sich dann immer wieder die alte Spannung; entweder billig aber schlecht oder teuer und gut. In Hör- und Lesesälen von Universitäten und Akademien, in Vortragssälen von Volkshochschulen und Mu-

Motiv aus England (o.),
„Der alte Cantor", nach dem Gemälde von H. Kaufmann (l.)
„Der Sünder", nach dem Gemälde von W. Schütze (u.)
Quelle: Autor

Tafel-Unterricht in einem Harem
Quelle: Autor

Schule in Arabien
Quelle: Autor

seen kann man wohl eine solche gute und teure Tafel anbringen lassen. Das Problem der Schulwandtafel für die Volksschule kann nur gelöst werden durch die Lösung der Spannung gut und billig.

Schaffung einer umfangreichen Schreibfläche

„Nicht löschen!" steht warnend an der Wandtafel. Der Physiklehrer hat es geschrieben. Er hat sorgfältig eine Skizze von einem Explosionsmotor angezeichnet. In der nächsten Stunde will er an Hand dieser Skizze wiederholen und festigen. Ich lasse die Tafel umdrehen. „Nicht löschen" höhnt es mir entgegen: Eine Skizze von der Schlacht bei Tannenberg mit bunter Kreide. Ärgerlich greife ich zum Schwamm. „Wir haben es aber noch nicht abgezeichnet", schreit die Klasse in höchster Angst. Und wie ich die sorgsam gemalten braunen Ortschaften und grünen Sümpfe, die roten Russen und die blauen Deutschen sehe, denke ich daran, wie ich selbst einmal in so einem blauen Viereck marschiert bin und gekämpft habe und

Eine Schule zur Ausbildung eingeborener Hilfskräfte im ehamaligen Deutsch-Ostafrika. Vor dem I. Weltkrieg.
Quelle: Autor

Arabische Schule in Algier
Quelle: Autor

Schule mit Lehrerin in Holland
Quelle: Autor

Carlowitz bei Breslau - Schultafel ca. 1925
Quelle: Autor

Watersleyde - Physikzimmer - Schultafel 1927
Quelle: Autor

Wandtafeln für die Schule.

Allgemeines. Die nachstehend verzeichneten Konstruktionen von Schultafeln haben sich durch langjährige Erprobung vorzüglich bewährt. Es kann der Ueberzeugung Ausdruck gegeben werden, dass mit dieser Auswahl von Wand- und Gestelltafeln allen bestehenden Wünschen für Erlangung einer wirklich erstklassigen und zweckmässigen Schultafel in weitestem Masse Rechnung getragen ist.

Systeme. Alle nicht unter nachstehenden Tafelkonstruktionen aufgeführten Arten werden auf Wunsch nach näheren Angaben schnellstens beschafft. Preise hierfür auf Anfrage.

Material. Als Tafelschreibflächen sind nur hervorragende Qualitäten von Material angeführt, welche sich in langjähriger Praxis wirklich als gut erwiesen haben, jedoch werden auf ausdrückliches Verlangen noch andere Materialien besorgt. Für die einzelnen Konstruktionen und Grössen sind nur Materialien vorgesehen, welche sich gerade für dieselben eignen.

Bezeichnung. Unter nachstehenden kurzen Bezeichnungen des Tafelplatten-Materials ist zu verstehen und für die Lieferung verbindlich bei:

Holz = Ia amerikanisches, astreines Pappelholz, nach Spezialverfahren präpariert gegen Verziehen, Reissen und Springen, mit erstklassiger Schreibfläche versehen.

„Rauchplatte" = eine künstliche, gegen Eindringen von Feuchtigkeit geschützte Tafelplatte, welche absolute Gewähr bietet, dass das fugenlose, unzerbrechliche Kernmaterial, selbst bei Verletzung der oberen Schieferschicht, gegen Feuchtigkeit Widerstand bietet und deren Schreibfläche beliebig oft erneuert werden kann.

Pappmasse = echt amerikanische Pappmasse. Ein nach besonderem Verfahren präpariertes Material, das besonders leicht, aber dabei äusserst widerstandsfähig ist. Mit tiefschwarzer matter Schiefermasse überzogen, die selbst nach langjährigem Gebrauch nicht glänzend wird.

Schiefer = tiefnaturschwarzer, harter, porenfreier Felsenschiefer, von hervorragender Qualität. — Nicht zu verwechseln mit gefärbtem Tonschiefer oder sogenanntem Bergschiefer!

Schiefertuch = vorzüglichstes Schiefertuch, mattschwarz, mit Stäben und Lederriemen. (Landkartenartig.)

Glas = Ia blasenfreies mattiertes Glas mit feingekörnter Schreibfläche. Wenn nicht eine bestimmte Farbe vorgeschrieben wird, gelangen Tafeln mit schwarzer Schreibfläche zum Versand.

Aluminium = reines Aluminium, keine Legierung, mit feingekörnter Schreibfläche.

Grössen. Die Tafelgrössen verstehen sich einschliesslich des Holzrahmens, soweit die Tafeln solche besitzen.

═ Alle in diesem Kataloge nicht aufgeführten Lehrmittel werden auf Wunsch schnellstens besorgt. ═
═ Die Zahlen hinter den Titeln bedeuten die Lagernummern in der betreffenden Abteilung. ═

Tafelbeschreibungen aus dem Lehrmittelkatalog von Koehler & Volckmar
Quelle: Autor

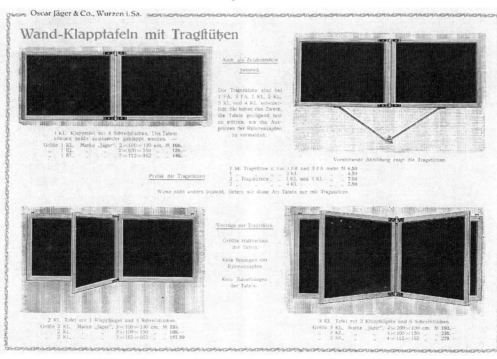

Tafelbeschreibungen und Tafeln aus dem Lehrmittelkatalog von Oskar Jäger
Quelle: Autor

Mathematiker an einer Tafel
Quelle: Autor

Fürsten- und Landesschule St. Augustin, Grimma - Schülerübungen
Quelle: Autor

Senkrecht verschiebbare Tafel im Hörsaal
Quelle: Autor

Aula für Vorlesungen (Hörsaal), Technisches Verwaltungsgebäude der I.G. Farbenindustrie Aktiengesellschaft Hoechst a. Main
Quelle: Autor

lasse den Schwamm sinken: „Na, denn nicht!" Aber wo soll ich nun vorrechnen lassen? Wo die Fehler vom letzten Diktat berichtigen und die Rechtschreibung üben lassen?

Mit der Schaffung eines neuen Materials für die neue Schultafel ist also die rein pädagogische Aufgabe noch gar nicht gelöst. Sie fordert die Schaffung einer möglichst großen Tafelfläche. Das Bedürfnis danach ist in den letzten Jahren außerordentlich gewachsen. Die Arbeitsschule, nicht nur die in ihren Auswüchsen überspannte, sondern auch die in ihrem Umfang berechtigte, verlangt von ihren Lehrern und Schülern, dass sie viel zeichnen und schreiben. Eine oder auch zwei Tafeln genügen schon lange nicht mehr den Anforderungen, namentlich nicht in den wenig gegliederten Schulen auf dem Lande mit ihrem Abteilungsunterricht.

Wandtafelanstrich an den Wänden

Man suchte dem Mangel abzuhelfen durch Wandtafelanstrich an den Wänden. Nun konnte mehr geschrieben werden. Diese Methode fand jedoch sehr wenige Anhänger.

Da die Wand feucht wurde, blätterte die Farbe ab. Man beseitigte diesen Mangel indem man die Wände mit Linoleum beklebte.

Leichte und bewegliche Tafeln

Es ist daher durchaus verständlich, wenn die Entwicklung über die starre Wandtafelfläche hinaus geht und sie wieder beweglich gestaltet. Dabei kehrt sie allerdings nicht zu dem einen, auf einem ebenso schweren Gestell montierten Tafelungetüm zurück, weil das trotz aller einfacher oder komplizierter Klapp-, Dreh- oder Rollmechanik doch bloß wieder eine Schrumpfung des Raumes bedeuten würde, sondern sie setzt an dessen Stelle einen ganzen Satz loser, leichter, ungerahmter und beweglicher Tafeln ohne jegliche Mechanik, es sei denn, dass man die beiden Ösen an der oberen Kante als Mechanik bezeichnen wollte. Die einzelne Tafel ist demnach einem Anschauungsbilde vergleichbar. Sie ist etwa so schwer und auch so groß wie ein solches, außerdem so dick wie ein auf starke Pappe gezogenes Bild, ist also ohne Rahmen steif genug, dass sie nicht nachgibt, wenn eine ungeübte Kinderhand darauf schreibt. Sie kann mit ihren beiden Ösen ohne irgendwelche Schwierigkeit überall aufgehängt werden, wo Nägel sich einschlagen, Haken sich einschrauben lassen: an der Wand am Tafelgestell, am Kartenständer, am Schrank, immer aber vor Augen der Kinder.

Wesen der Wandtafel

Wandtafel heißt erstens die Tafel, auf der mit Kreide geschrieben und gezeichnet wird. Wie einst jeder Schüler während seiner ganzen Schulzeit eine Tafel, nämlich eine Schiefertafel, besaß, so ist die Wandtafel in der Hauptsache für den Lehrer bestimmt. Aus dem Namen „Wandtafel" geht hervor, dass ursprünglich die Schultafel an der Wand hing; um die Tafeln neuerer Konstruktionen (z.B. Standtafeln), die sich nicht an der Wand befinden, mit zu bezeichnen, passt wohl der Ausdruck „Schultafel" am besten.

Die verschiedenen Konstruktionen der Schultafel unter Beachtung der äußeren Einflüsse auf die Entwicklung

Arten von Schultafeln um 1900

Nach Form und Konstruktion lassen sich die Schultafeln der Hauptsache nach in zwei Arten, Wandtafeln und Ständertafeln einteilen. Zu den Wandtafeln zählen diejenigen, deren Tafelfläche selbst oder deren Gestellrahmen an der Wand befestigt ist.

1. Die fest angebrachten Tafeln sind meist von längerer Ausdehnung und entweder in vertikaler oder etwas schräger Lage befestigt. Die Unbeweglichkeit der Schreibfläche behindert sowohl Lehrer als auch Schü-

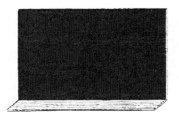

ler beim Arbeiten. Da die Tafelfläche beim Arbeiten meist in Augenhöhe sein soll, so kann dieser Nachteil nur teilweise durch Aufstellen von Stufen behoben werden, welche auch die Ausnutzung der Fläche wenigstens in etwas bequemerer Weise ermöglichen. Diese Tafeln haben noch den Nachteil, dass sie nur einseitig benutzt werden können. In Landschulen finden sich solche Tafeln sehr häufig.

2. Man suchte bald die Unbeweglichkeit der Schulwandtafel zu beseitigen und ging hierbei Schritt für

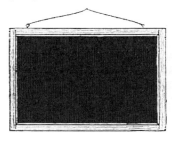

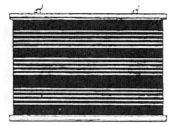

Schritt bei jeder neuen Konstruktion weiter. Zunächst suchte man auch die zweite Tafelfläche zur Benutzung zu konstruieren und machte die Tafel transportabel. Sie wurde mit Ringen an der Wand befestigt und konnte so in beliebiger Höhe auf beiden Seiten benutzt werden. Auch wurden die Tafeln infolge ihrer Beweglichkeit bald etwas leichter gemacht. Es wurde Schiefertuch oder Linoleum in Rahmen gespannt oder gar mit Rollstäben versehen, wie sie jetzt noch als Notentafeln etc. in Verwendung stehen.

3. Um das Höher- und Tieferhängen von Tafeln leichter und bequemer zu ermöglichen, konstruierte man eigene Stellvorrichtungen, welche für alle Wandtafeln anwendbar sind.

a) Die knopfgabelartige Stellvorrichtung besteht aus zwei knopfgabelartig durchbrochenen, an der Wand zu befestigenden ei-

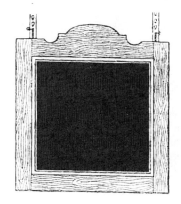

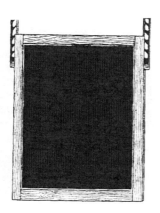 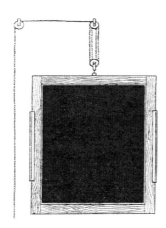

sernen Schienen und zwei in den Rahmen einzuschraubenden knebelartigen Anhängern. Die Tafel wird zur leichteren Anwendungen und Verhütung des eventuellen Herabfallen erst an der einen, dann an der anderen Seite höher oder niedriger gestellt.

b) Die seitliche Stellvorrichtung besteht aus zwei an der Wand zu beiden Seiten der Tafel befestigten eisernen Schienen mit schlitz- und kerbartigen Durchbrechungen und zwei seitlich in den Rahmen einzubringenden Stellstiften mit Flügelschrauben.

c) Die Aufzugsvorrichtung besteht aus einer über Rollen geführte Messingkette mit Flaschenzugkolben, zwei seitlich von der Tafel an der Wand befestigten Führungsschienen mit Stellstift für die Kette und Stützbankeisen unterhalb der Tafel. Die an den Kolben eingehängte Tafel kann aus den Schienen gezogen, am Kolben hängend gewendet und so von beiden Seiten genutzt werden.

4. Die gebräuchlichsten Wandtafeln sind wohl jene, welche sich in einem an der Wand stehenden Gestell befinden. Von diesen seien zuerst die Tafeln in senkrechter fixer Staffelei zu erwähnen, welche in vertikaler Richtung verschoben werden können.

Die Tafelhöhe kann somit in die gewünschte Augenhöhe gebracht werden und lässt auch ein Umwenden zwecks Benutzung der zweiten Fläche zu.

Tafeln von kleinerem Format haben gewöhnlich nur einen Zapfen. Für Zeichensäle werden solche Tafeln mit längerer Ausdehnung mit festen Zapfen hergestellt.

Das Hoch- und Tiefstellen so großer Holztafeln ist aber ziemlich beschwerlich. Man verbesserte dieses System ziemlich praktisch durch Anbringung von Rollgewichten.

5. Die Wandtafeln mit Rollgewichten sind äußerst praktisch, da sie leicht verschiebbar sind. Die Tafeln hängen an Schnüren, welche über Rollen laufen und

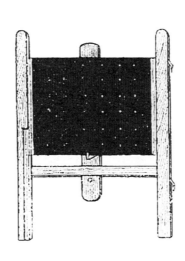 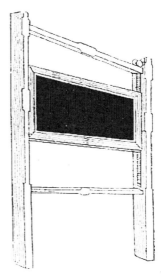

mit Gegengewichten belastet sind. Mittels zweier Griffe an der Tafel lässt sie sich in jeder beliebigen Lage fest stellen. Leider ist bei diesen einfachen Rolltafeln nur eine Fläche benutzbar. Man suchte nun auch diesen Nachteil zu beseitigen und kam auf die Idee, die zweite unbenutzte Fläche durch eine zweite Tafel zu ersetzen und konstruierte somit ein Zuggestell mit Doppeltafel.

6. Bei der Doppeltafel im Zuggestell wurden die Gegengewichte der einfachen Zugtafel durch eine zweite Tafel ersetzt, so dass eine Tafel die andere im Gleichgewicht hält. Sie wurde auch als Paternostertafel bezeichnet.

Für Schulen, in welchen der freie Raum in den Lehrzimmern das freie Aufstellen einer zweiten Tafel nicht gestattet, ist diese Konstruktion von Vorteil. Die Technik der Wandtafel-Konstruktion ging aber noch weiter und brachte bei den Rolltafeln dieser Art eine Vorrichtung an, so dass die Tafeln auch bei Bedarf aus dem Gestell herausgenommen und umgewendet werden können.

7. Eine weitere Vervollkommnung erfuhr die Zugtafel durch Anbringung einer Wendevorrichtung, welche sowohl die einfache wie die doppelte Zugtafel zu einer eigentlichen Wendetafel umgestaltet. Die Nutzbarkeit der beiden Tafelflächen wird dadurch wesentlich erleichtert.

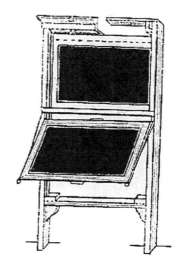

8. Ähnlich den zuvor erwähnten Tafeln mit Rollgewichten ist die Rolltafel mit Walzen im fixen Gestell. In einem an der Wand befestigten Gestell sind in entsprechender Entfernung zwei Walzen angebracht, über welche ein Schiefertuch gespannt ist. Dasselbe kann mittels Schnüre und Rollen durch Drehen einer Kurbel über

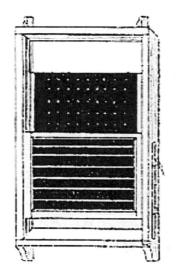
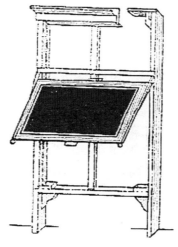

diese Walzen beliebig gezogen werden. Die Tafelfläche ist in jeder gewünschten Lage benutzbar und vereinigt somit die Vorteile einer Doppeltafel im Zuggestell. Aufzeichnungen können in eine allen Schülern sichtbare Höhe oder auf die Rückseite zur Wiederbenutzung in späteren Lehrstunden gebracht werden. Die Kurbel ist so leicht einzuschieben wie abzunehmen und kann in dem sich vorne befindlichen Kasten, welcher gleichzeitig zur Aufbewahrung von Kreide, Schwamm, Zirkel, Lineal etc. dient, eingeschlossen werden, um jede unbefugte Hantierung an der Tafel zu verhindern.

Da die Schreibfläche (Schiefertuch oder Linoleum) sich auf eine dahinter befindliche Platte straff anlegt, setzt sich auch der Zirkel leicht und sicher ein und hinterlässt fast keine Spuren, um so weniger als durch die Beweglichkeit der Schreibfläche der Einsatz stets an einer anderen Stelle erfolgen kann.

Waagerechte und senkrechte Linien und aus solchen gebildete Figuren können ohne die Zuhilfenahme eines Lineals aus freier Hand

korrekt gezeichnet werden. Als Lineal für waagerechte Linien diente der, der Schreibfläche zugewendete Rand des unteren Teiles der Umrahmung. Durch die Bewegung der Schreibfläche mit der linken Hand können die beliebigsten Zwischenräume erzielt werden. Für senkrechte Linien ist die Kreide an beliebiger Stelle nur an die Schreibfläche zu halten und diese empor zu bewegen.

9. Von den Wandtafeln, welche in einem Gestell oder in einem Rahmen beweglich sind, wären noch die Horizontal-Schiebetafeln zu erwähnen. Diese Tafel besteht aus einer in horizontaler Richtung je nach Wunsch beziehungsweise vorhandenen Raum beliebig langen Tafel, auf welcher zwischen oben und unten angebrachte genutete Leisten eine kleinere auf Rollen laufende Tafel hin- und her geschoben werden kann. Diese Schreibtafel bietet eine große Benutzungsfläche und gestattet ein Verdecken benutzter Flächen, auf welchen die Arbeiten für andere Unterrichtsstunden stehen bleiben sollen.

10. Bisher wurden Tafeln vorgeführt, welche in einem Gestellrahmen in Schienen laufend frei beweglich waren. Es werden aber auch Wandtafelgestelle geliefert,

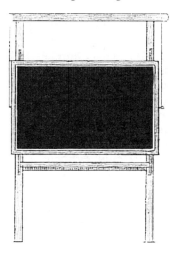

welche ebenfalls an der Wand befestigt sind und eine Aufhängevorrichtung für die Tafel zeigen. Die Tafel hängt an Schnüren oder Ketten und kann bequem gedreht und auch zweckentsprechend hoch und nieder gestellt werden. Das Wenden geschieht am leichtesten von unten nach oben, indem die untere Kante der Tafel etwas vom Gestell abgezogen wird. Durch Wiederholung wickelt sich die Kette um die verlängerte Horizontalachse und windet so die überall festzustellende Tafel mit wenigen Drehungen in die Höhe.

11. Dieselbe Tafel mit Aufhängevorrichtung wird auch mit Gegengewicht hergestellt.

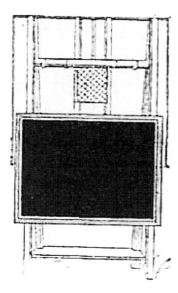

12. Die Beweglichkeit sämtlicher bisher beschriebenen Wandtafelsysteme war insofern eine beschränkte, da sie nur ein Höher-, Tieferstellen, wohl auch ein Verschieben in horizontaler Lage - und ein Wenden gestatten, aber ein Drehen und Feststellen der Tafel oder des ganzen Gestells in einem Winkel zur Wandfläche war ausgeschlossen. Man entsprach auch diesem Bedürfniss und konstruierte einen beweglichen Rahmen, der auch durch verändertes Feststellen der Schere die Tafel in beliebige Neigung bringen lässt. Die Schrägstellung mag beim Arbeiten manchem erwünscht sein. Dieses System vereinigt sonst alle Vorteile der erwähnten ähnlichen Tafelkonstruktionen.

13. Vorteilhafter noch als die schräge Winkelstellung ist die senkrechte Drehvorrichtung. Einfache Wandtafeln im Gestell werden nur an der linken vertikalen Seite des Rahmens an der Wand befestigt. Das andere vertikale Ende vom Gestell kann im Kreisbogen, wie beim Öffnen ei-

ner Tür, beliebig verschoben werden. Diese Beweglichkeit der Tafel, also ein Drehen nach verschiedenen vertikalen Winkeln bietet namentlich bei ungünstiger Beleuchtung manche Vorteile. Zum Zwecke des Feststehens wird gewöhnlich ein Eisenhaken angebracht. Diesem sehr ähnlich ist das System, welches das nebenstehende Bild zeigt. Die Tafel ist mit senkrechter Wende- und Drehvorrichtung konstruiert.

14. Von den nach Winkeln beweglichen Wandtafeln müssen noch die so genannten Klapptafeln angefügt werden. Sie werden in verschiedenen Ausführungen geliefert und können als einfache, zwei-, drei- und mehrteilige Klapptafeln verwendet werden. Mehrteilige Klapptafeln sind unter dem Namen Buchtafeln bekannt. Die Klapptafeln sind insofern praktisch, als sie auf verhältnismäßig kleinem Raum mehrere benutzbare Flächen bieten. Dadurch ist viel Schreibfläche gewährleistet. Die Klapptafeln können leicht an schon in Benutzung stehenden Holztafeln angebracht werden. Diese Buch-

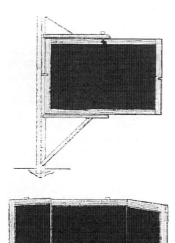

tafeln wurden in Dachgeschossen verwendet, z. B. wenn die Klassenstärke anwuchs und eine Klasse nach oben verlagert werden musste.

15. Eine Vereinigung von Wandtafel mit Seitenschiebtafeln (klappbaren Übungstafeln) zeigt uns das Patent Kurialische Schul-Doppeltafel. Beim Verstellen in die Höhe ergreift man die an den Schultafelrändern angebrachten Eisenriegel und schiebt die Tafel, indem man dieselbe etwas hebt, in die Höhe. Beim Verstellen nach unten zieht man am gleichen Griff an der Tafel.

Beim Wenden der vorderen Tafel muss man darauf achten, dass dieselbe in der entsprechenden Höhe zum Stehen kommt, das heißt, die Schultafel soll in der niedersten Stellung gewendet werden. Die Wendung geschieht, indem zuerst die links und rechts in der Mitte der Schultafelhöhe befindlichen Sperrreiber loslässt; dann ergreift man die Tafel von unten, hebt dieselbe etwas gegen sich, wobei der obere Teil der Schultafel auf Gleitrollen so weit in der Nute läuft, bis die Tafel in umgekehrter Lage an den Tragständer sich anlegt. Hierauf werden die Sperrreiber wieder geschlossen. Beim Wenden der rückwärtigen Tafel muss beachtet werden, dass dieselbe so weit nieder steht als überhaupt möglich ist und dann geschieht die Loslösung der beiden Sperrreiber sowie die Wendung derselben genau wie bei der Vordertafel. Jetzt werden beide Seitensperrreiber wieder geschlossen. Die Tafel ist wieder in die Höhe verstellbar. Das Ausziehen der Seitentafel (Übungstafel) wird durch einfachen Handgriff bewirkt. Die Tafel wird herausgezogen, so weit es geht. Dann zieht man die Tafel nach vorn und stellt dieselbe in die gewünschte Neigung, indem man die rückwärts angebrachte Stellvorrichtung einstellt. Die Rückstellung in die Ruhelage geschieht in umgekehrter Reihenfolge. Die seitlichen Schultafeln können aber auch an der Wand bleiben und benutzt werden und brauchen dieselben zu diesem Zwecke nur so weit herausgezogen werden, als man es für nötig erachtet.

16. Von den anderen existierenden Wandtafelkonstruktionen wären wohl noch einige anzuführen, die aber vielfach unbekannt sind

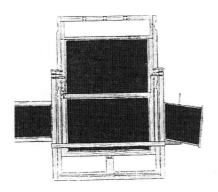

und daher auch fast nicht in Verwendung stehen. Sie sind meist komplizierte Tafelmechanismen, die für Schulen nicht den praktischen Wert haben, den doch eine brauchbare Schulwandtafel aufweisen muss. Als Muster solcher komplizierter Wandtafelkonstruktionen soll die obige Abbildung dienen, welche ein ganzes Wandgehänge darstellt.

Diese und ähnliche Wandtafelsysteme mögen vielleicht für Universitäten und Ausstellungen Verwendung finden, für uns können sie nur theoretischen Wert haben.

Zu den Ständertafeln übergehend sei vorweg bemerkt, dass hierzu alle jene Schultafeln gerechnet werden, welche nicht direkt glatt anliegend an der Wand befestigt sind, im allgemeinen also alle Tafeln, welche auf Staffeleien oder anderen Gestellen lose oder mit diesen verbunden fortbeweglich beziehungsweise transportabel sind.

Die Ständertafeln sind in ihren Arten ebenso mannigfaltig wie die verschiedenen Wandtafelkonstruktionen. Im allgemeinen finden wir auch hier dieselben oder doch ähnliche Konstruktionen vor, welche bei der Wandtafel als Zug oder Wendevorrichtung angebracht sind. Der Hauptvorzug der Ständertafel liegt unstreitig in deren fast allseitigen freien Beweglichkeit und Transportfähigkeit.

Von den vielen Arten der Ständertafeln seien hier nur die gebräuchlichsten besprochen

Standtafeln

1. Die einfachste Form der Ständertafel ist die Schultafel auf freistehender Holzstaffelei zum Zurücklegen. Sie hat den Vorzug, dass bei etwaigem Platzmangel die Schultafel samt Gestell auch an die Wand gelehnt werden kann. Statt der einfachen Staffelei werden auch solche mit Auflegebrett oder mit Feder und befestigtem Rahmen in Verwendung genommen. Die aufgelegte Tafel wird bei Malerstaffeleien an dem verschiebbaren Rahmen der Staffelei mit Sperrvorrichtung vollkommen festgehalten. Die Feder zum Auf- und Abstellen findet an den vielen mit Metall ausgelegten Einschnitten der Mittelstütze ihren Ruhepunkt.

2. Die einfache Staffeleitafel findet in der Schultafel mit Staffelei zum Zurücklegen und Rahmen im Geleise eine praktische Verwendung. Das Hoch- und Tiefstellen, sowie das Umkehren wird dadurch sehr erleichtert.

3. Dieselbe Art der Ständertafel mit Rahmen im Geleise gewinnt durch Anbringung eines festen Fußes an äußerst sicherer Stand-

festigkeit. Diese Schultafel fand z. B. in allen Wiener Schulen Verwendung. Die Tafelfläche ist von nicht allzu großer Ausdehnung, beträgt 3 1/3 m² und ist so leicht, dass dieselbe von einem zehnjährigen Kind mit Leichtigkeit höher und tiefer gestellt werden kann.

4. Von den einfachen Staffeleitafeln gehen wir über zu den Wendetafeln. Die Vorrichtungen zum Wenden sind so mannigfaltig, dass es kaum möglich wäre, auf diesem beschränkten Raume alle vorzuführen. Die einfachste Art der freistehenden Wendetafel ist jene, welche nach Art von Toiletten-Spiegeln sich um zwei fixe Achsen drehen lässt, aber meist nur in vertikaler Stellung benutzbar ist. Für die Schrägstellungen sind wieder eigene Vorrichtungen angebracht.

5. Soll die Tafel eine Schrägstellung ermöglichen, so eignen sich hierzu freistehende Staffeleien mit festem Fuß und Stellvorrichtung am schrägen Schenkel des Gestelles. Diese einfachen Wendetafeln werden auch drehbar im Rahmen. Alle diese Wendetafeln gestatten wohl die Benutzung beider Tafelflächen, haben aber den Nachteil, dass ein Höher- und Tieferstellen nicht möglich ist. Durch die stabile Höhenlage und die leichte Drehbarkeit eignen sich diese besonders für schwere Schiefertafelplatten.

6. Die primitivste Art der Ständertafel, welche auch zum Verstellen eingerichtet ist, zeigt nebenstehende Abbildung. Die Tafel kann aus den Einschnitten herausgehoben werden und in entsprechender Höhe Benutzung finden. Bei anderen Konstruktionen ist in den Gestellleisten eine Zahnung eingelassen, durch welche ein He-

rausnehmen der Tafel aus dem Gestell nicht nötig ist, sondern durch bloßes Heben und Senken ein Höher- und Tieferstellen bewerkstelligt wird.

7. Als originell, aber immerhin praktisch muss die „Hussongsche dreiseitige Patent-Schultafel" bezeichnet werden.

8. Komplizierter als die zuvor erwähnten Ständertafeln zum Verstellen und Drehen sind jene, welche mittels Kurbel und Zahnstange zum Hoch- und Niederstellen eingerichtet

sind. Die Kurbel, welche abnehmbar ist, befindet sich an der Seite oder in der Mitte. Diese Tafeln ermöglichen auch ein Umwenden und Feststellen in verschiedenen Winkelgraden.

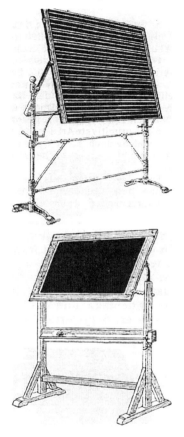

9. Als Ergänzung dieser Art von Wendetafeln möge die „Wex-Tafel" im Eisengestell dienen. Die Einfachheit des ganzen Hebelmechanismus lässt aber sehr viel zu wünschen übrig. Zum Hoch- und Tiefstellen der Tafel dienen die angebrachten Knöpfchen.

10. Eine andere Art von Wendetafeln sind die auf Rollenstaffelei freihängenden Schultafeln, welche sich wie die bei den Wandtafeln beschriebenem System drehen und verstellen lassen. Diese Ständertafeln werden auch zum Hoch- und Niederstellen mittels Gegengewichte eingerichtet.

11. Wir sind nun bei den Zugtafeln angelangt. Auch hier kommen die verschiedensten Arten in Verwendung. Man kann wohl sagen, dass fast jede schon besprochene Art von Wand- und Ständertafeln auch als Zugtafel eingerichtet wird und in den oft sehr kom-

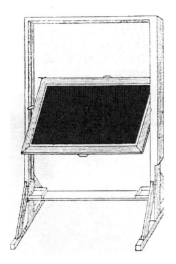

plizierten Konstruktionen in die Schulen einzieht. Obenstehende Zeichnung zeigt uns die einfache Zug- und Wendetafel in freistehendem Ständer, bei welcher keine Gegengewichte sichtbar sind.

12. Die Verstellung der Tafel wird ferner durch zwei sichtbare an den rückwärts liegenden Kanten des Gestelles geführten Parallelgewichte bewirkt, welche mit dem Tafelrahmen durch zwei über Rollen geleitete

Drahtseile verbunden sind. Statt der beiden Gegengewichte findet auch ein zirka 20 kg wiegender Eisenstab als Gegengewicht Verwendung.

13. Von den einfachen Zugtafeln mit Gegengewicht sei noch wegen ihrer eigenartigen Konstruktion die Ständertafel „Patent Lemcke" erwähnt. Ständerzugtafeln mit einem Gegengewicht konstruierte auch nach diesem Muster August Fessler in Wien.

14. Den Übergang von der einfachen Ständertafel zu den Doppel-Ständertafeln bildet die rotierende Ständertafel. Die Vorteile dieser Rollen-Ständertafel sind dieselben wie bei der unter

8 beschriebenen Rollen-Wandtafel.

15. Wird statt des Gegengewichtes auch bei der einfachen Ständertafel eine zweite Tafel in Verbindung gebracht, so haben wir die einfachste Art der Doppelstaffelei mit Schiebe- und Wendetafel. Die beiden durch Scharniere oder fix miteinander verbundenen Teile tragen am oberen Querstück zwei Rollen, welche derart überkappt sind, dass die Drahtseile nicht abschlagen können. Die Staffelei selbst ist mit zwei die Ausspreizung der beiden Hälften stützenden beziehungsweise festhaltenden Seitenteilen versehen, welche beim Gebrauch der Tafel eingefügt und bei Außergebrauchssetzung derselben herausgenommen werden können, um dann diese, wie jede andere Staffelei zusammenzuklappen und beiseite setzen zu können, wenn für den letzteren Fall eine Raumersparnis wünschenswert erscheint oder auch die Tafel außer Betrieb gesetzt werden soll, um unnötige Hantierungen an derselben zu vermeiden.

16. Jede Art der einfachen Zugtafel kann wieder durch Anbringung einer zweiten Tafel statt des Gegengewichtes in eine Doppel-Zug- und Wendetafel umgestaltet werden. Die Tafeln sind hier wie-

der nur in vertikaler Stellung zu gebrauchen.

17. Dieselben Tafeln werden selbstverständlich auch mit schrägem Bockgestell hergestellt Die Rollenbewegung ist oberhalb des Gestelles sichtbar. Die Vorrichtung zum Umwenden der Tafeln befindet sich an der rechten Seite.

18. Entsprechend der einfachen Ständertafel mit Kurbelbewegung und Zahnstange wird auch eine solche Doppel-Ständertafel konstruiert.

19. Von den hängenden Doppel-Ständertafeln, bei welchen beide Tafeln zum Wenden eingerichtet sind, wäre das „Königs Doppelwandtafelgestell" zu erwähnen. Dasselbe vereinigt eine Linol- und eine Holztafel in einem frei- und schräg stehendem auf Rollen verschiebbaren Gestell derart, dass jede Tafel für sich gewendet sowie in jeder beliebigen Höhe benutzt werden kann. Die Rollen und Drahtschnüre sind so angeordnet, dass ein Ecken, Klemmen oder Schiefhängen der Tafeln vollständig vermieden wird. Die hintere Strebe ist unten durch zwei starke nach rückwärts schräg zusammenlaufenden Verbindungsstützen derartig mit dem vorderen Gestell verbunden, dass beim Hin- und Herrollen ein Umkippen, wie dies bei al-

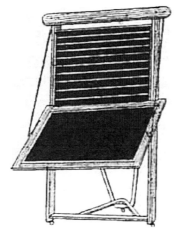

ten Bockgestellen oft vorkommt, vollkommen ausgeschlossen ist. Auf Wunsch wird das Gestell auch für vier Tafeln mit über 10 m^2 Fläche eingerichtet, wobei dann die beiden anderen Tafeln auf die Rückseite zu liegen kommen und genau so angeordnet sind wie die Tafeln der Vorderseite.

Diese und alle anderen Stell- und Wende-Doppelschiebetafeln entsprechen den vielseitigen Wünschen, welche für die verschiedenen Zwecke des Unterrichtes gehegt werden könnten. Die Vorzüge sind so mannigfach, dass sie – die meisten wenigstens – als wirklich praktisch bezeichnet werden müssen. Die Doppelwandtafel bietet bei leichter Handhabung zweimal so viel Benutzungsfläche als die gewöhnliche Schultafel und gestattet für die eigene Bequemlichkeit beim Unterricht verschiedene Stellungen. Auch für die Schüler können die Arbeiten an der Doppeltafel unter Vermeidung des störenden Aufstehens gut verfolgt werden, weil die in die Höhe geschobene benützte Fläche nicht durch den Lehrer verdeckt wird. Man wird aber auch nicht gezwungen, oft wichtige Arbeiten wegen Platzmangels auszuwischen oder zwei besondere Tafeln aufzustellen, die so viel Raum beanspruchen, ein Vorteil, der gar nicht hoch genug angeschlagen werden kann. Solche Arbeiten, welche ein zusammenhängendes Ganzes bilden, können mit besonderer Übersichtlichkeit und Deutlichkeit vorgeführt werden. So dürfte eine Doppeltafel ganz besonders der zusammenhängenden Darstellung mathematischer, physikalischer, geographischer Arbeiten etc. sehr zustatten kommen. Mit Rücksicht auf all diese Vorzüge kann die Doppel-Ständertafel als „Universaltafel" bezeichnet werden.

Viele von den hier angeführten Tafelkonstruktionen lassen auf besondere Liebhaberei und übertriebene Erfinderlust schließen. Denn gerade die komplizierten Systeme und Konstruktionen für irgend eine Bewegungsart werden oft mit Mühe, wohl auch mit Vergnügen ausgetüftelt, welche jedoch in den meisten Fällen den bitteren Nachgeschmack unvorhergesehener Kosten und enttäuschter Hoffnungen bringen. Für die Schule eignen sich eben nur einfache Gebrauchstafeln, welche eine möglichste Stabilität der Konstruktion beziehungsweise Bewegungsvorrichtung aufweisen. Von den verschiedensten Arten der Federschnapp-Komplikationen, Zahnstangen mit Rädern zum Hoch- und Niederbewegen werden viele meist schnell reparaturbedürftig und erfordern oft genug mehr Handgriffe und Zeit, um sie wieder in gewünschte Gebrauchsfähigkeit zu setzen, als die einfachste Stellvorrichtung. Als Ausstellungsobjekte mögen viele der komplizierten Tafelsysteme sich vorzüglich eignen, für die Schule aber werde »Alles« genau geprüft und nur das »Beste« behalten.

All diese Varianten besitzen ein großen gemeinsamen Vorteil, sie sind transportabel. Dieser Vorteil trat u. a. bei Unterricht in Gasthäusern zu Tage, was früher nicht unüblich war.

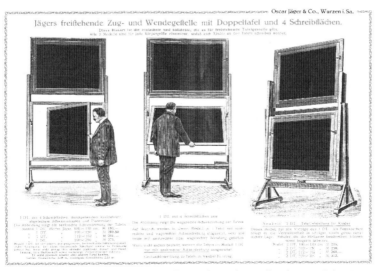

Jaegers freistehende Zug- und Wendegestelle aus dem Lehrmittelkatalog von Oskar Jäger
Quelle: Autor

I. Abteilung: Schulausstattung.

A. Schulbänke und Möbel.

Von den zahlreichen Systemen und Modellen seien an dieser Stelle nur eine bestimmte Auswahl aufgeführt. Spezialofferten und illustrierte Sonderkataloge stehen zur Verfügung.

Mittelholmbank selbständiger Bauart. Dieses ist die allgemein bevorzugte Bank, sowohl vom hygienischen als auch vom praktischen Standpunkt aus betrachtet (Abb. S. 14) . . . . (1)

Mittelholmbank mit Pendelsitz. Sitzbügel aus bestem Guß gefertigt, ein Brechen derselben also unmöglich (Abb. S. 14) . . . . (3)

Umlegbare Bank, die beim Reinigen des Klassenraumes einfach seitlich herumgelegt wird, so daß der Fußboden frei ist. Die Klappsitze sind genau wie beim vorsteh. Muster konstruiert (Abb. S. 14) (5)

Schwellenbank mit Fußrost; dieselbe kann auch ohne Fußrost geliefert werden (Abb. S. 14) . . . (7)

Bei allen Anfragen erbitten wir genaue Angabe der Stückzahl der Bänke, auch Alter der Schüler. Einsendung einer Grundrißskizze der Räume erwünscht.

Arbeitstisch, für Kinder in jedem Alter verwendbar, mit schräger und horizontaler aufklappbarer Tischplatte. Zweisitzig 70 cm breit, 160 cm lang. . (9) (Abb. S. 14)

Schemel. Derselbe besteht aus einem eisernen Untergestell und ausgehöhltem Sperrholzsitz. Der Schemel wird auf Wunsch mit vier Beinen und auch mit Rückenlehne angefertigt. Ebenso kann der Schemel auch mit hölzernem Untergestell gefertigt werden, jedoch mit eiserner Fußverbindung . (11) (Abb. S. 14)

Klassenschrank, 1/3 für Garderobe, 2/3 zum Unterbringen von Schulutensilien. Zweitürig, 200 cm hoch, 115 cm breit, 40 cm tief; verstellbare Böden . . . . (13)

Kombinierter Lehrmittelschrank, zum Unterbringen von Landkarten, Zeichenvorlagen und sonstigen Lehrmitteln. Gesamtbreite 270 cm, Gesamthöhe 240 cm, Tiefe einschließlich des vorspringenden Schrankteiles 80 cm (Abb. S. 14) . . . . (15)

Lehrmittelschrank, die Seitenansicht mit Verkleidung. 200 cm h., 180 cm breit, 40 cm tief (Abb. 16) (17)

Lehrerpult resp. **Lehrertisch** mit Podium; beides kann in verschiedenen Ausführungen geliefert werden. 80 cm hoch, 100 cm breit, 60 cm tief (Abb. S. 14) (19)

Lehrerstuhl, Buche, hell lasiert, Sitzhöhe 48 cm, Sitzfläche 35×37 cm . . . . (21)

Papierkasten, welcher in den verschiedensten Formen geliefert wird (Abb. S. 14) . . . . (23)

Bilderschrank mit Auszügen, in welchem Zeichenunterlagen, ohne zusammengelegt zu werden, aufbewahrt werden können. Breite 110 cm, Höhe 100 cm, Tiefe 85 cm (Abb. S. 14) . . . . . (25)

B. Wandtafeln.

Unsere Schultafeln bestehen aus einer nach besonderem Verfahren unter hohem Drucke hartgepreßten Masse, sind unzerbrechlich, bleiben tiefschwarz, matt und widerstandsfähig und sind an Dauerhaftigkeit von keinem ähnlichen Fabrikat übertroffen.

Modell I für Staffelei und jede andere Konstruktion verwendbar. (Abb. S. 16)
Größe 50× 65 cm . . . . (27)
Größe 75×100 cm . . . . (28)
Größe 100×130 cm . . . . (29)
Größe 100×150 cm . . . . (31)
Größe 100×200 cm . . . . (33)

Modell II 5-Flächen-Klapp-Wandtafel (Mittlere Tafel feststehend, die Tafeln rechts und links zum Umklappen). (Abb. S. 16)
Gr. 100×75×150×75 cm, ganze Länge 300 cm (35)

Modell III. Große Wandtafel ohne Rahmen mit 1 Schreibfläche.
Größe 100×200 cm . . . . (37)
Größe 100×250 cm . . . . (39)
Größe 100×300 cm . . . . (41)
Größe 100×400 cm . . . . (43)
Größe 100×500 cm . . . . (45)
Größe 100×600 cm . . . . (47)

Modell VII. (Buchtafel) 6-Flächen-Klapp-Wandtafel, bei dieser Tafel können stets 2 Flächen nebeneinander beschrieben werden. (Abb. S. 16)
Größe 100×130 cm (Gesamtlänge 270 cm) (49)
Größe 100×150 cm (Gesamtlänge 310 cm) (51)

Model VII a. 4-Flächen-Klapp-Wandtafel.
Größe 100×130 cm (Gesamtlänge 270 cm) (53)
Größe 100×150 cm (Gesamtlänge 310 cm) (55)

Modell VII b. 7-Flächen-Klapp-Wandtafel. (Abb. S. 16)
Größe 100×75×150×75 cm (Gesamtl. 312 cm) (57)
Gr. 100×100×200×100 cm (Gesamtl. 412 cm) (59)

Modell IX. Tafel mit Gestell. Die Tafel dreht sich um ihre senkrechte Achse. (Abb. S. 16)
Größe 100×130 cm . . . . (61)
Größe 100×150 cm . . . . (63)

Model X a. Tafel mit Gestell, dreh-, hoch und tief stellbar. (Abb. S. 16)
Größe 100×130 cm . . . . (65)
Größe 100×150 cm . . . . (67)

Modell XII. Schwenktafel mit 2 Schreibflächen, an der Wand anzubringen.
Größe 100×130 cm . . . . (69)
Größe 100×150 cm . . . . (71)

Model XV a. Dreh- und schiebbare Doppelgestelltafel mit 4 Schreibflächen. (Abb. S. 16)
Größe 100×130 cm . . . . (73)
Größe 100×150 cm . . . . (75)

Modell XX. Doppelschiebe-Wandtafel, an der Wand anzubringen, mit 2 Schreibflächen. (Abb. S. 16)
Größe 100×130 cm . . . . (77)
Größe 100×150 cm . . . . (79)
Größe 100×200 cm . . . . (81)

Modell XXV. An der Wand wendbare Doppelschiebetafel.
Größe 100×130 cm . . . . (83)
Größe 100×150 cm . . . . (85)

Modell XXIV. Aufsichtstafel. Größe 75×100 cm (87)

Modell XXIII. Bekanntmachungstafel.
Größe 50×75 cm . . . . (89)

Zusammenrollbare Wandtafel, aus dauerhaftem Schiefertuch, m. Stäben versehen, zweiseit. zu benutzen. (Abb. S. 16)
Größe 70×100 cm . . . . (91)
Größe 100×130 cm . . . . (93)

Linolwandbelag, besonders präparierte mattschwarze Schreibfläche in der Höhe bis 1 m, in der Länge bis 6 m lieferbar. Der Linolbelag muß an die Wand geklebt werden, wozu wir eine besondere Anweisung geben. Per qm einschl. Umfassungsleisten . . . . (95)

Klebmasse für Linolbelag (1 kg ausreichend für 1 qm) . . . . (97)

Schulwandtafel System Nickel. (Neuheit!) D.R.G.M. 994 189 und 994 190 D.R.P. a. (Abb. S. 18)

Die neue Schulwandtafel System Nickel ist eine wesentliche Vervollkommnung aller bisher verwendeten Schulwandtafeln. Hergestellt werden dieselben aus allerbestem, achtmal gesperrten Sperrholz, so daß, ohne einen Rahmen um die Tafel zu benötigen, ein Werfen oder Verziehen der Flächen vollkommen ausgeschlossen ist. Die aneinanderhängenden Flächen werden hierdurch nicht unterbrochen, was z. B. bei allen gerahmten Tafeln aus Holzpreßstoff der Fall ist.

Die neue Schulwandtafel, System Nickel, Ausführung A u. B, bietet nachstehende Vorteile:

Angebote aus Schropp's Lehrmittel-Wegweiser, 1928
Quelle: Autor

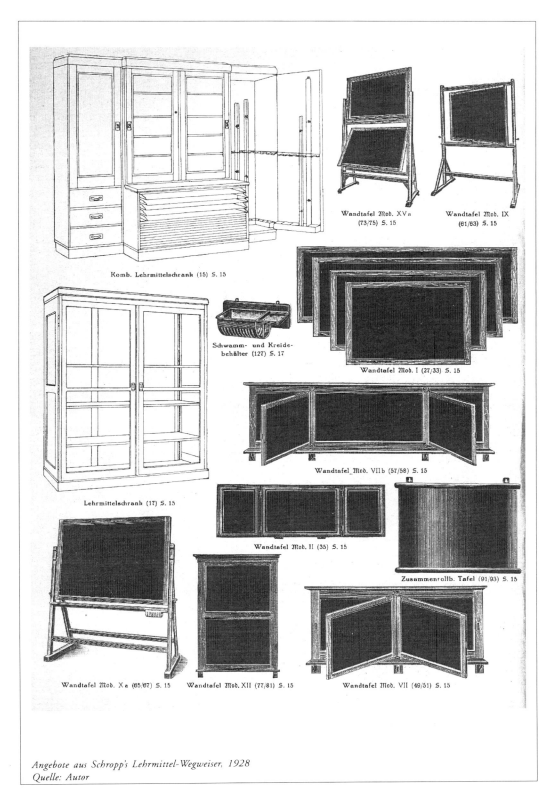

Angebote aus Schropp's Lehrmittel-Wegweiser, 1928
Quelle: Autor

Die verschiedenen Materialien der Schultafel

Einteilung der Schultafel in Epochen

1650 – 1880 Farbezeit
1880 – 1910 Schieferzeit
1910 – 1940 Linoleumzeit
1940 – 1970 Glastafelzeit
1970 – jetzt Stahlemaillezeit
2000 - jetzt interaktive Zeit

Für die Oberflächenbeschaffenheit gilt:

Zwei Zeiten laufen immer parallel. Eine Zeit kommt, eine verschwindet, eine hat sich durchgesetzt. (Tafelevolution)

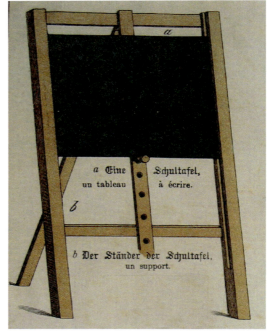

Farbetafel mit Staffelei 1840
Quelle: Autor

Älteste Farbetafel von ca. 1780, Schulmuseum Weiler
Quelle: Autor

Farbtafel um 1850
Quelle: Autor

Holz

Holztafeln gehören zu den ältesten Vertretern der Schultafel. Hierbei wurde zumeist Lindenholz verwendet. Dieses Holz wurde dann mit einer schwarzen Farbe bestrichen. Dieser Farbanstrich musste in regelmäßigen Abständen erneuert werden. Durch den wiederholten Anstrich verlor das Holz und somit auch die Tafel stark an Qualität. Es bildeten sich Risse und es entstanden Bereiche an der Schultafel, die nur noch schlecht zu beschreiben waren. Ein weiterer Nachteil war das Gewicht einer solchen Tafel. Sie wog je nach Größe etwa 100 kg. Dadurch war sie nur schwer im Raum zu bewegen. Aufgrund des großen Gewichtes stellte sich auch oft eine Gefahr für den Nutzer da. Löste sich die Tafel aus der Verankerung, dann führte dies oft zu schweren Verletzungen.

Des weiteren wurde teilweise auf Holz ein Schieferüberzug oder Kunstschieferüberzug angebracht. Manchmal nutzte man dabei auch Sperrholzplatten.

Schulstube zu Beginn des 19. Jahrhunderts
Quelle: Sächsisches Museum Zeulenroda

Holztafellack-Rezeptur (um 1890)

Ein Lack zum Anstreichen von Schultafeln besteht nach dem nunmehr erloschenen Patent des Herrn H. Formhals in Giessen aus:
65 Loth 95 prozentigen Weingeist oder 67 Loth 90 prozentigen Weingeist, Ethanol (Weingeist) ist eine farblose, leichtentzündliche, stechend riechende Flüssigkeit, die umgangssprachlich als Alkohol bezeichnet wird. Auf ältere Nomenklaturen gehen die Bezeichnungen Äthanol, Äthylalkohol oder Ethylalkohol zurück. Umgangssprachlich werden auch die noch älteren Namen Weingeist und Spiritus benutzt.
8 Loth gebleichtem Schellack, Schellack, Tafellack, Plattlack oder Lacca in tabulis ist eine harzige Substanz, die aus Gummilack gewonnen wird. Gummilack selbst wird aus Ausscheidungen der Lackschildlaus Kerria laccifera (Pflanzenläuse, Familie Coccidae) nach ihrem Stich in manche Pflanzen gewonnen. Die Jahresproduktion belief sich auf etwa 50.000 Tonnen. Um ein Kilogramm Schellack zu ernten, benö-

Mechanik der alten Farbetafel im Schulmuseum Köditz
Quelle: Autor

Schultafel-Lack-Rezeptur von H. Formhals, Gießen
Quelle: Autor

tigt man rund 300.000 Lackschildläuse.

Auf Bäumen wie z. B. Pappelfeigen lebende Lackschildläuse ernähren sich von den Pflanzensäften dieser Bäume. Sie stechen den Baum an, nehmen seinen Saft auf und scheiden die harzartigen Substanzen desselben wieder aus, welcher dann die Laus umschließt. Die jungen Läuse entwickeln sich geschützt in dieser Harzblase und bohren sich nach einiger Zeit durch das Harz. Diese Harzabscheidung ist das Ausgangsprodukt für die Schellackgewinnung.

Die harzig umkrusteten Zweige werden abgeschnitten, gesammelt und das Harz vom Holz getrennt. Der Rohstoff wird gemahlen und gewaschen und in der Sonne getrocknet.

Nach Meyers (1888) wurde der Schellack in Indien erhalten, indem der rohe oder durch Auswaschen mit Wasser vom Farbstoff befreite Gummilack in Säcken auf etwa 140 °C erhitzt wird und das abfließende Harz auf Pisangblättern oder Tonröhren in einer dünnen Schicht erstarrt. Hauptsächlich in Süd- und Südostasien und hier speziell in Indien und Thailand wurde früher Schellack in großen Mengen hergestellt. Schellack kann gebleicht werden, indem man ihn in Sodalösung löst, mit Chlorkalk gemischt dem direkten Sonnenlicht aussetzt, durch Salzsäure fallen lässt und gut auswäscht.

8 Loth Ultramarinschwarz oder Pariserschwarz (Farbstoff),

Farbetafel im Johann Baptist Graser-Schulmuseum Bayreuth (um 1930)
Quelle: Autor

4 Loth geschlemmten Bimsstein Bims (auch: Bimsstein; aus dem lat. pumex) ist ein poröses glasiges Vulkangestein, dessen spezifisches Gewicht kleiner als das von Wasser ist. Seine Farbe kann stark variieren; Bims aus basaltischer Lava mit großen Blasen ist nahezu schwarz, mit zunehmendem Luftgehalt und abnehmender Blasengröße wird die Farbe heller, so dass auch nahezu weißer Bims möglich ist, sowie sämtliche Zwischentöne (z.B. gelbgrau). Bims wird zur Herstellung von Leichtbetonsteinen benutzt, da er über eine gute Wärmedämmfähigkeit verfügt. Naturbims ist ein Grund- oder Zuschlagstoff für gärtnerische Substrate und ist zur Verbesserung von Böden geeignet. Er verbessert das Porengefüge und damit die Durchlüftung, Wasserspeicherfähigkeit und Durchwurzelbarkeit. Bims ist der leichteste natürlich porosierte Grundstoff im Gartenbau. Aufgrund seiner hohen Wasserspeicherfähigkeit und des trotzdem geringen Gewichtes ist er zum Einsatz in Dachbegrünungen geeignet. Fein zermahlen wurde er früher als Schleifmittel für

Farbetafel, Schulmuseum Leipzig (um 1920)
Quelle: Autor

Alte Farbetafel als Gestelltafel im Schulmuseum Köditz (um 1910)
Quelle: Autor

Aufschlag durch Gummipuffer einer alten Farbetafel, Schule Pressek
Quelle: Autor

Mechanik einer Doppelpylonenfarbetafel, Schulmuseum Freital
Quelle: Autor

Gummipuffer zum Abfedern, Schule Waldenburg
Quelle: Autor

Der Gummipuffer zum Abfedern verhindert, dass der Flügel umknickt, Schule Pressek
Quelle: Autor

Farbe-Doppelgestelltafel der Fa. Hohenloher Schulmöbel und Turngerätefabrik
Quelle: Autor

Holz und porenfüllender Zusatz bei der Schellackpolitur verwendet.

In der Zahntechnik wird Bimssteinpulver unterschiedlicher Körnungen für die Vorpolitur von Kunststoffarbeiten (z. B. Voll- und Teilprothesen) verwendet.

Bims wird auch bei der Jeansherstellung benutzt, um den „stone-washed"-Effekt zu erzeugen.

Erhältlich sind auch Bimssteine für das Bad, dabei ersetzt es die „Hornhautraspel".

Mit Bimsmehl, z. B. aus der Apotheke, können Silberringe wieder mattiert werden.

Bims kann naturgemäß wie alle vulkanischen Materialien leicht erhöhte Radioaktivität aufweisen.

0,5 Loth Pariserblau

Pariser Blau ist ein lichtechtes, tiefblaues, mineralisches Pigment und gilt als der erste moderne synthetische Farbstoff.

4 Loth gebranntes Umbraun (deutsches)

Als Umbra (lat: umbra - Schatten) oder Umbraun bezeichnet man eine Erdfarbe von verschiedener Schattierung, wie auch verschiedenen Ursprungs. Die Farbe wird auch Erdbraun,

Römischbraun, Sepiabraun genannt.

Die eigentliche oder echte Ware ist ein toniger, durch Verwitterung mulmiger Brauneisenstein von leber- bis kastanienbrauner Farbe, der neben dem Eisenoxid immer auch braunes Mangandioxid enthält.

8 Loth Siccatif

Sikkative sind Stoffe, die ölhaltigen Farben und Lacken zugesetzt werden, um die Trocknung zu beschleunigen.

Die Farben sowohl als der Bimsstein werden mit Weingeist sorgfältig angerührt und vermengt, jedoch so, dass der aufgelöste Schelllack zuletzt beigegeben wird.

(Gewerbeblatt für das Großherzogtum Hessen)
Hessen: 1 Lot(h) = 10 Quentchen = 16,67g

Doppelpylonenfarbetafel, Schulmuseum Freital, um 1940
Quelle: Autor

Farbetafel mit Staffelei, Schulmuseum Lohr-Sendelbach
Quelle: Autor

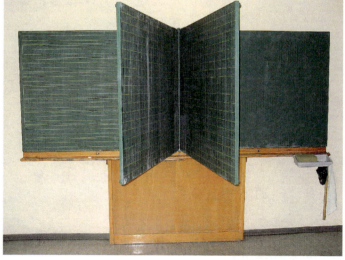
Spätfarbezeit - damals noch mit gelben Linien, die beim längeren Betrachten jedoch verschwammen, weshalb diese später weiß angebracht wurden, Wendelstein, um 1960
Quelle: Autor

Schiefer

Quelle: Schieferplatte für Drehtafel, um 1870 Deutsches Schiefermuseum Steinach (Thüringen), um 1900

Schieferklapptafel im Schulmuseum im Baptist-Graser-Gymnasium Bayreuth, um 1880
Quelle: Autor

Kleine Geschichte der Schiefertafel
seit 1400 Verwendung von Schiefertafeln
1625 das erste Schieferbüchlein entstand
ab 1670 selbständige Griffelmacherei
1860 die erste Tafelfabrik in Geroldsgrün / Oberfranken wird eröffnet
1883 die erste Griffelfabrik in Steinach / Thüringen wird eröffnet
1890 - 1914 Blütezeit der Griffel- und Tafelmacherindustrie
1955 Ende für Tafeln in Schulen der DDR
1960 - 1963 Ende für Tafeln in Schulen der BRD
1968 Nach 400 Jahren: Ende der Griffelherstellung in Steinach / Thüringen,
Steinach besaß das Weltmonopol für Schiefergriffel,
Gesamtproduktion: 28 bis 30 Mrd. Stück
1989 Betriebsauflösung der letzten Schiefertafelfabrik Deutschlands in Ludwigstadt / Oberfranken

Bekannt sind die Schiefertafeln für den Schüler. Aber auch der Lehrer bekam eine Schiefertafel in Form einer Schultafel. Das waren Wand- aber auch Ständertafeln. Diese hatten aufgrund ihrer Größe und ihres Materials ein sehr hohes Gewicht. Weiterhin war es schwer, qualitativ hochwertige Schieferplatten für diese Größe abzubauen und zu fertigen. Probleme gab es auch in der Befestigung dieser Schiefertafeln. Die Schüler stießen die Tafel aus Unachtsamkeit um. Oftmals fiel die Tafel aus ihrer Befestigung und verletzte manchmal den Schüler, der an ihr arbeitete. Häufig ging diese auch zu Bruch oder nahm anderweitig Schaden.

Dies war ein Grund, warum die Zeit der großen Schiefertafel kurz war. Beschwerden von Eltern bezüglich der Verletzungsgefahr häuften sich. Damals arbeiteten viele Kinder noch in der Landwirtschaft oder in Fabriken. Sie trugen zum Lebensunterhalt ihrer Familie bei. Ein verletztes Kind, z.B. mit einen gebrochenen Fuß, konnte seinen Teil am Unterhalt der Familie nicht mehr beitragen.

*Schiefertafel (Paternostertafel) mit zwei Schieferschreibflächen, um 1910 -
Bayrisches Schulmuseum Ichenhausen
Quelle: Autor*

*Staffelei mit 4 Beinen, um 1890
Quelle: Autor*

*Schiefertafel, um 1910 - Heinrich-Stiefel-Schulmuseum, Ingolstadt
Quelle: Autor*

Schiefertafel mit Sytterlinsignatur, 2 x 1 m, um 1900, Schieferbruch Lehesten - Techn. Denkmal - Thüringer Schieferpark
Quelle: Autor

Kante einer Schreib-Schieferplatte, Deutsches Schiefermuseum Steinach (Thüringen)
Quelle: Autor

Skattafel: rechte Seite ist eine Glastafel, links eine Schiefertafel
Quelle: Wilfried Steinhart

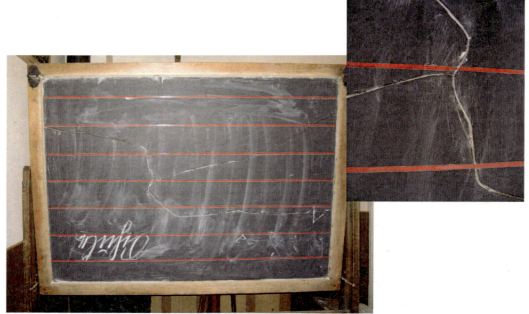

Schiefertafel mit Sprung in der Schieferplatte, um 1910, Schulmuseum Friedrichshafen
Quelle: Autor

Schieferplatte auf getrepptem Gestell und Details, um 1890, Schulmuseum Friedrichshafen
Quelle: Autor

Eine sehr seltene Aufnahme einer Keramiktafel
Quelle: Wilfried Steinhart

Schieferdoppelschiebetafel um 1900 im Schulmuseum Ichenhausen und Detailaufnahme mit Radkonstruktion
Quelle: Autor

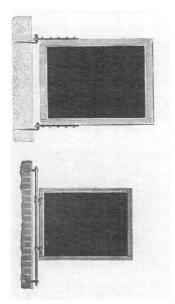

Fahnentafel der Schulmöbelfabrik Meyer, Fahnentafeln lösten die starren Tafeln ab und konnten horizontal gedreht werden.
Quelle: Autor

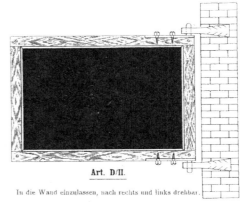

Schieferfahnentafel der Rheinischen Schiefertafel-Fabrik Worms
Quelle: Autor

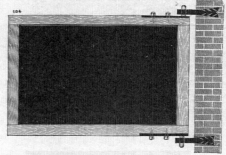

Fahnentafel als Nachfolger der Wandtafel, Fa. Christoph & Unmack
Quelle: Autor

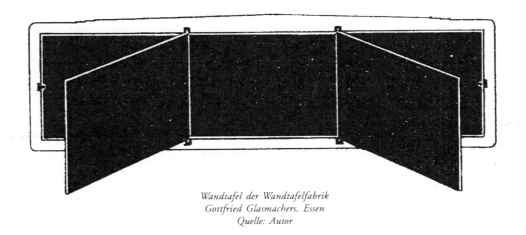

Wandtafel der Wandtafelfabrik Gottfried Glasmachers, Essen
Quelle: Autor

Karl Schulte, Düren Rhld.
Filiale Jülicherstraße 7a

Ältestes
Lackier- u. Linier-Geschäft
von Rheinland u. Westfalen

Leiste für meine gelieferten
Arbeiten 2 Jahre Garantie.

Auflackieren
alter unbrauchbarer
Schultafeln.

Spezialität:
Neue Schultafeln aller Art.

Düren, den ~~im~~ Juli 1927

Anfrage betr. Lackierung der Schultafeln der Bürgermeisterei.

Frage hierdurch ergebenst an, ob das Lackieren der Schultafeln in Ihrer Bürgermeisterei erforderlich ist.

Sollte dies nötig sein, so bitte ich höflichst, mir die Arbeiten übertragen zu wollen.

Bemerke, daß ich den besten und anerkanntesten matten Schieferlack habe. Leiste für meine Arbeiten zwei Jahre schriftliche Garantie.

Ich weise daraufhin, daß es bedeutend besser ist, wenn die Arbeiten ausserhalb der Ferien gemacht werden, da in den Ferien die Herrn Lehrpersonen verreist sind, und ich keine Angaben habe, welche Liniatur gezogen werden soll. Störung im Unterricht wird ganz vermieden, da der Lack sofort trocknet und die Tafeln am andern Tage wieder gebrauchsfähig sind.

Ich berechne pro Quadratmeter Schwarz nebst Schiefermasse Mk. 1,80
und pro Linie Mk. 0,08

Um Ihr geneigtes Wohlwollen ergebenst bittend, zeichnet

mit vorzüglicher Hochachtung

Schulte.

An das
Bürgermeisteramt
in Jüngbrohl.

Lackierungs-Anfrage
Quelle: Katalog Karl Schulte - Lackierung

Linoleum

Linoleum ist ein von Frederick Walton 1863 entwickelter Bodenbelag. Linoleum besteht hauptsächlich aus oxidativ polymerisiertem Leinöl, Baumharzen (Kolophonium), Kork (Natur)- und Holzmehl, Titanoxid, Farbstoffen und Jutegewebe. Das Jutegewebe, welches eine robuste Trägerschicht darstellt, wurde früher mit einem Fäulnis-Schutzanstrich versehen, der heute aber nicht mehr verwendet wird. Der Name leitet sich aus dem lateinischen „Linum usitatissimum" Flachs und „oleum" für Öl zusammen. Vorteile sind vor allem die Widerstandsfähigkeit gegenüber Ölen, Fetten und Teer. Linoleum ist antistatisch und wirkt gegen diverse Mikroorganismen leicht fungizid und bakteriostatisch.

Auf der Oberfläche von Linoleum haftet Kreidestaub leicht. Somit kam man auf den Gedanken, andere Werkstoffe wie z.B. Holz mit Linoleum zu beziehen. Man konnte nun auf diesen Material schreiben. Die Kreide war leicht abwischbar, das Material war widerstandsfähig, pflegeleicht und preisgünstig. Somit fand es schnell Einzug in die Klassenzimmer.

Eine weitere Möglichkeit, das Schreiben im Unterricht darauf zu ermöglichen war, das Linoleum wie ein Tuch zu spannen z.B. durch Umspannen zweier Walzen. Mit Hilfe einer Kurbel konnte man die Rückseite des Linoleumtuchs drehen. Mit Ende des 2. Weltkriegs stieg man gezwungenermaßen auf andere Materialien um. Viele Rohstoffe waren nun nicht mehr erhältlich oder bezahlbar. So erlebte die Holztafel eine kurze Renaissance. Die Erfindung der robusten Glastafel beendete endgültig diese Epoche.

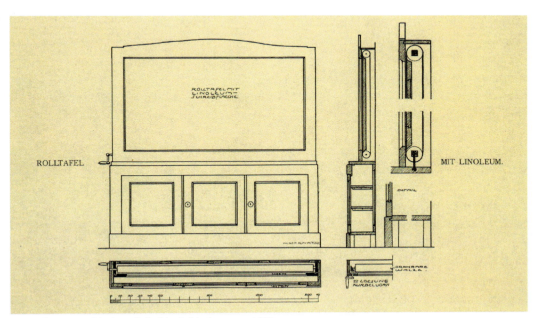

Konstruktion einer Linoleum-Rolltafel mit Linoleum, um 1920
Quelle: Deutsche Bibliothek Leipzig

Glas

Die Geschichte der Glastafel lässt sich am besten anhand einer Firmengeschichte erzählen, die Geschichte der Firma Weyel.

Im Gegensatz zur Kriegszeit war die Instandsetzung und Herstellung von Schulwandtafeln in der Nachkriegszeit „lebenswichtig". Durch Kriegseinwirkungen waren viele Schulen zerstört worden. Geburtenstarke Jahrgänge drängten zu den Schulen. Der Neuaufbau und die Ankurbelung der Wirtschaft und die Schaffung von Bildungsmöglichkeiten waren Prioritäten für den langsam entstehenden Nachkriegsstaat. Walter Weyel wurde deshalb von Staats wegen ein Auto genehmigt, mit dem er rascher die dringenden Bedürfnisse der Schulen nach Tafeln befriedigen konnte. Bald genügte die Renovierung alter Tafeln nicht mehr. Zerstörte Schulen wurden wieder aufgebaut. Neue und größere Schulen entstanden, die neue Schultafeln benötigten. Die Herstellung und Lieferung neuer Tafeln wäre in normalen Zeiten kein großes Problem gewesen. In der Nachkriegszeit fehlte es aber an Materialien und Mitteln.

Linoleum-Rolltafel aus Lehrmittelkatalog Koehler & Volkmar, 1914

Glastafel mit Stahlpylonen, um 1970, Schule Marktbreit
Quelle: Autor

Glas-Einflächentafel in der Hauptschule Haßfurt, um 1970
Quelle: Autor

Doppelpylonen-Glastafel in der Fröbelschule Aschaffenburg, um 1970
Quelle: Autor

Wenn etwas unter großen Schwierigkeiten beschafft werden konnte, mangelte es an der Qualität. Die Beschaffung von Materialien und Rohstoffen war in dieser Zeit meist nur auf dem Kompensationswege möglich. Eine Gemeinde etwa gab 2 Meter Holz in Zahlung für die Aufarbeitung einiger Schultafeln. Mit diesem Holz konnten neue Tafeln hergestellt werden, die dann wieder in einem Kompensationsgeschäft an eine andere Schule geliefert wurden. Um die große Nachfrage nach neuen Schultafeln befriedigen zu können, gaben die staatlichen Behörden schließlich Holzbezugsscheine aus, mit denen Walter Weyel dann Nutzholz und Hartfaserplatten (für die Tafelflächen) kaufen konnte. Bis zu diesem Zeitpunkt ließ er die meisten Schreinerarbeiten von einem auswärtigen Schreiner anfertigen, während er mit seinem langjährigen Mitarbeiter Richard Strohmann im Keller des eigenen Wohnhauses die Tafeln zusammenbaute und lackierte. Dies änderte sich, als im Jahre 1947 ein erster Anbau an das Wohnhaus mit selbst gebrochenen Hohlblocksteinen geschafft wurde. Nun konnte auch ein eigener Schreiner (Alfred Paul aus Steinbach) eingestellt werden. Die Beschaffung notwendiger Holzverarbeitungsmaschinen war allerdings ein Problem für sich. Da auf dem Markt kaum solche Maschinen zu bekommen waren, im übrigen auch die finanziellen Mittel dazu nicht reichten, blieb Walter Weyel nichts anderes übrig, als mit primitiven Mitteln ebenso primitive, aber zweckdienliche Maschinen selber zu konstruieren.

Material dazu fand er unter anderem auf den Viehweiden seines Heimatdorfes Breitscheid, wo der Krieg seine schmutzigen Überreste hinterlassen hatte.

Als die zunächst bescheidene Produktion neuer Schultafeln immer besser lief, mussten zunehmend fremde Fuhrunternehmer beauftragt werden, mit ihren damals noch auf Holzvergaserbetrieb laufenden Lastkraftwagen Tafeln zu den Schulen zu transportieren.

Bei der gelegentlichen Renovierung einer Schultafel mit Farbe in den Jahren vor dem Zweiten Weltkrieg begegnete Walter Weyel ei-

Glastafel Multifunktional um die 1970er Jahre - Einflächentafel 4 m lang,
Quelle: Autor

Glastafel / Klappflügeltafel, um 1960
Quelle: Autor

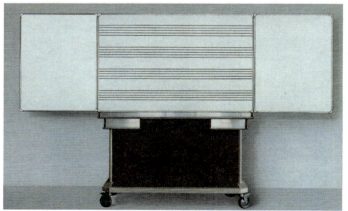

bewegliche Klapptafel / Whiteboard, um 1980
Quelle: Friedrich Ernst Fischer KG Schultafelfabrik

Doppel-Glasschiebetafel, um 1970, Celtis Gymnasium Schweinfurt
Quelle: Autor

Glastafel ca. 1970,
Quelle: Autor

nem Material, das die Herstellung von Schultafeln revolutionieren sollte: Glas. Er war in eine Schule gerufen worden, um eine unbrauchbare Tafelfläche aufzuarbeiten. Zu seinem Erstaunen stellte er fest, dass die Schreibfläche nicht wie üblich aus Schiefer, Holz oder Hartfaserplatte bestand, sondern aus geätztem Glas, das allerdings schnell glatt geworden war. Solche Glastafeln waren damals hier und da in Schulen anzutreffen. Sie stammten von einer Firma Carl Senff aus Gera in Thüringen. Walter Weyel stellte bei dieser ersten Begegnung fest, dass die Glastafel wegen ihres satten Schriftbildes positiv zu bewerten sei, dagegen das schnelle Glattwerden der schlecht geätzten Mattglasscheibe negativ zu Buche schlage. Er versuchte zwar gelegentlich, die von der Firma Senff gelieferten Glastafeln mit Bimsstein wieder aufzurauen, aber auf die Dauer erwies sich das und damit die Glastafel insgesamt als unbefriedigend. Als Walter Weyel etwa 10 Jahre später, um 1948, erneut einer diesmal zerbrochenen Glastafel begegnete, erwachte wiederum sein Interesse. Er nahm sich ein Stück der zerbrochenen Glasfläche, die er durch eine Hartfaserplatte ersetzt hatte, mit nach Hause. Zunächst geriet dieses Stück Glasfläche in Vergessenheit, bis er es eines Tages in seiner Werkstatt wieder fand.

Jetzt begab er sich auf die intensive Suche nach neuen Möglichkeiten mit diesem Material. Hinzu kam das ständige Bedürfnis nach Kompensationsmöglichkeiten.

Aus einer anderen Richtung erfuhr Walter Weyel von dem großen Bedarf an kleinen Schülertafeln, die ebenso zu Kompensationszwecken gut waren. Erfahrung, existentielle Bedürfnisse, unternehmerische Initiative und praktisches, synthetisches Denken führten nun, wie so oft im Leben Walter Weyels, zur ausführenden Tat. Er nahm einen Griffel zur Hand, schrieb auf das wiederentdeckte Stück Glas. Es klappte. Mit einem normalen Schiefergriffel war das geätzte Glas wunderbar zu beschreiben. Nun kam es nur darauf an, eine bessere und dauerhaftere Ätzung des Glases zu erreichen, damit der Griffel nicht auf dem Glas wegrutschte. Viele Versuche

Glasschiebetafel mit Projektionsfläche, um 1970, Schule Marktbreit
Quelle: Autor

Glastafel (Universitätstafel 4x1 m), elektrisch verstellbar, um 1970, Kassel
Quelle: Autor

Außenabfederung einer Glas-Schiebetafel, Celtis Gymnasium Schweinfurt
Quelle: Autor

mit Flußsäurepräparaten und Ätzpasten waren nötig, um das gewünschte Ziel zu erreichen. Ein besonderes Problem bestand allerdings bei der Lackierung und Linierung, die auf die Rückseite der kleinen Tafelflächen angebracht wurde. Der Lack haftete nicht optimal auf der glatten Glasfläche. Zudem bestand die Gefahr, dass beim Reinigen der Schülertafeln mit nassen Schwämmen Wasser durch die Holzrähmchen ins Innere der Tafel eindrang und den Lack bzw. die Lineaturen zerstörte. Das Problem konnte nur unzureichend gelöst werden, da es bei den verwendeten Nachkriegsprodukten noch an der notwendigen Qualität mangelte.

Ein wesentlicher Vorteil bei der rückseitigen Linierung der Täfelchen konnte allerdings nach einer Beratung mit der **Firma Degussa** in Hanau erzielt werden: Man hatte bis dahin die vielen kleinen Linien einzeln gezogen oder dann mit einer von Walter Weyel konstruierten „Maschine" auch in größerer Anzahl gleichzeitig. Aber immer blieb hinsichtlich der Technik und der Qualität Unzufriedenheit zurück. Nach einigen

Versuchen mit dem Siebdruckverfahren konnten nun in einem Arbeitsgang sämtliche Linien sauber aufgedruckt werden.

Im Jahre 1948 besuchte man in Frankfurt eine Messe, die den Durchbruch brachte. Aus Mangel an gutem Schiefer waren bis zu diesem Zeitpunkt kaum neue Schiefertäfelchen aufzutreiben gewesen.

Als Walter Weyel mit seinen Schülerglastafeln auf der Messe erschien, wurden sie ihm von Händlern fast aus den Händen gerissen. Große Aufträge gingen ein. Vertreter sorgten für immer neue Aufträge und für die Auslieferung der Täfelchen an Geschäfte und Schulen. Der wachsende Bedarf brachte dem kleinen Unternehmen eine erste Nachkriegsblüte. Die Zahl der Mitarbeiter stieg zeitweilig auf 15 Personen an. Die Tagesproduktion konnte durch weitere Rationalisierung und Vergabe von Schreinerarbeiten an auswärtige Unternehmen (z. B. Voßloh-Werke, Dillenburg) auf 450 Stück gesteigert werden. Der Besuch einer Leistungsschau in Haiger brachte weitere Erfolge mit sich. Daneben lief noch die Aufarbeitung oder Neuher-

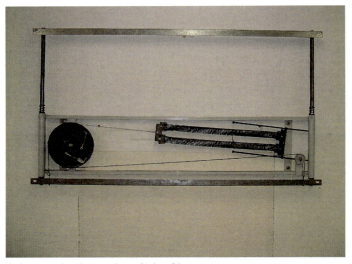

Federzugmechanik von Klappschiebetafeln
Quelle: Autor

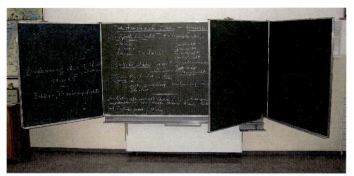

Glastafel - multifunktional um die 1970er Jahre - mit Klappseiten, Beratzhausen
Quelle: Autor

Glastafel als Buchtafel ca. 1960
Quelle: Autor

stellung großer Schultafeln. Aber so jäh der Aufstieg mit der Schülertafel war, so jäh war auch der Abstieg. Die Blüte erwies sich als Scheinblüte. Zwar waren große Umsätze gemacht worden, aber der Gewinn fehlte. Es waren zu viele Versuche unternommen worden, zu viele Experimente mit qualitätsmäßig schlechten Produkten hatten zuviel Geld gekostet. Es gab bei der Herstellung eine Menge Ausschussware, die natürlich nur weit unter Preis oder gar nicht verkauft werden konnte. Als endlich die Entwicklung der Schülertafel soweit war, dass sie hätte Gewinn bringen können, und als die wirtschaftlichen Schwierigkeiten der Währungszeit einigermaßen überwunden waren, kam die Schiefertafel wieder auf und eroberte sich, ähnlich wie vorher die Glastafel, in ganz kurzer Zeit den Markt. Die Krise der Schülertafel aus Glas war unaufhaltsam. Bis zum Herbst des Jahres 1949 mussten fast alle Mitarbeiter entlassen werden. Nur Richard Strohmann und Ernst Konrad Georg aus Lützeln konnten gehalten werden. Ende 1949 blieb Walter Weyel deshalb nichts anderes übrig, als wieder wie 1924, 1927, 1928/29 und 1946 von Schule zu Schule zu reisen mit der Bitte an die Lehrer, alte Schultafeln wieder neu aufarbeiten zu dürfen. Wie groß die entstandene wirtschaftliche Not war, zeigt sich daran, dass zum 1. Januar 1950 das Kapital bis auf einen nominellen Betrag von 80,19 DM aufgezehrt worden war und Walter Weyel seine beiden ältesten Söhne von der Realschule nehmen musste, damit sie ihm beim Lackieren von Schultafeln helfen konnten. Als es im Frühjahr 1950 etwas besser geworden war, durfte einer der Söhne (Hans Dieter) zur Handelsschule gehen. 1951 konnten dann schließlich beide eine ordentliche Berufsausbildung als kaufmännische Lehrlinge bei bekannten Haigerer Firmen beginnen. Das Experiment Schülertafeln aus Glas war zwar gescheitert, aber äußerst wertvolle Erfahrungen hinsichtlich der Entwicklung großer Schultafeln mit Glasflächen konnten gesammelt werden. Walter Weyel wäre nicht ein echtes Kind seiner Vorfahren gewesen, wenn er aus Enttäuschung über das gescheiterte Experiment, den Gedanken an eine Schultafel mit Glasschreibflächen, aufgegeben hätte. Hier zeigte sich, was seine Person auch sonst kennzeichnete: Hartnäckigkeit und auch ein gewisser Trotz im Verwirklichen seiner Ideen. Die Wege, die „wider allen Schein" zum Ziele führen, ging er gern und ausdauernd, manchmal auch ein wenig draufgängerisch.

Mit seiner offenen, ehrlichen, vertrauenserweckenden Art hat er sich aber auch, gerade in dieser Zeit, manche Türen öffnen können. Im Jahre 1950 herrschte noch große wirtschaftliche Not. Da lernte Walter Weyel einen Stadtbaurat aus Darmstadt kennen. Dieser Mann verwies ihn zu einer Schule der amerikanischen Besatzungsmacht. Dort suchte man gerade zu dieser Zeit dringend einen Fachmann für die Reparaturen von Schultafeln. Als die Aufarbeitungen zur großen Zufriedenheit der Amerikaner von Walter Weyel ausgeführt waren, erhielt er einen Riesenauftrag zur Herstellung von 1900 Tafeln. Als er den Amerikanern andeutete, dass sein kleiner Betrieb vor allem aus finanziellen Gründen nicht in der Lage sei, eine so große Anzahl

69

Tafeln in kürzerer Zeit herzustellen, zog man den Auftrag trotzdem nicht zurück, sondern zahlte ihm sogar 1/3 des Auftragwertes als Vorschuss. Aufgrund dieses geglückten Auftrages stieg der Umsatz von 23 000,- DM im Jahre 1950 auf 120 000 DM im Jahre 1951.

Mit dem erwirtschafteten Gewinn ging er sofort an die Entwicklung der großen Glastafel. Die ersten Überlegungen zielten auf die Lösung des Problems, wie die großen Scheiben von 100 cm Breite und 100–300 cm Länge gleichmäßig aufgeraut und damit beschreibbar werden könnten. Zusammen mit den Bayer-Werken in Leverkusen entwickelte man eine Ätzpaste, die mit einer Rakel über die Scheibe gezogen wurde. War die Scheibe ausreichend aufgeraut, wurde sie mit Sodalauge abgewaschen, um die gefährliche Ätzpaste zu neutralisieren. Diesen Arbeitsvorgang verlegte man meistens auf den Bürgersteig vor das Wohnhaus oder in die seitliche Hofeinfahrt, weil man den gefährlichen Dämpfen dort weniger ausgesetzt war. Nach etlichen Misserfolgen und langwierigen Versuchen gelang es endlich, eine Schreibflächenqualität zu erreichen, auf die eine 20jährige Garantie gegeben wurde. Die größten Probleme und Rückschläge entstanden, wie schon bei der Schülertafel, hinsichtlich der Rückseitenbeschichtung. Es gab keinen Lack, der zuverlässig auf dem Glas haftete und auch gegen Wassereinflüsse unempfindlich geblieben wäre.

Verschiedene Versuche, etwa mit Bitumen und Kunstharzlacken, blieben erfolglos. Erst der von einer Offenbacher Lackfabrik speziell entwickelte Glaslack konnte den Anforderungen genügen.

Ein anderes Problem tat sich bei der Abdichtung der Scheiben gegen Wasser auf. Solange die Scheiben nur in Holzrahmen lagerten und mit Kitt abgedichtet waren, gab es immer wieder schwerwiegende Reklamationen. Erst die Einfassung der Scheiben mit gummigepolsterten Aluminiumprofilen brachte hier eine Änderung. Schwierigkeiten bereiteten auch die häufigen Spannungsbrüche der Glasscheiben. Man hatte sie zunächst auf einfachen Holzrahmen befestigt. Mit den vorhandenen Holzverarbeitungsmaschinen waren aber nie genaue Holzstärken zu erreichen. Ebenso gab es keine Möglichkeiten, das Holz so auszutrocknen, dass ein klimatisch bedingtes „Arbeiten" des Holzes verhindert worden wäre. Die stark voneinander abweichenden Ausdehnungskoeffizienten von Holz und Glas führten deshalb zu häufigen Spannungsbrüchen.

Auch dieses Problem war erst dann beseitigt, als man die Rückseiten der Glasscheiben zusätzlich mit einer Filzpappe versehen hatte und das Glas nicht mehr auf einem Holzrahmen, sondern auf einer Art Tischlerplatte befestigte. Das Grundkonzept der Glasschulwandtafel war bis 1954 mit befriedigendem Ergebnis entwickelt. Diese Entwicklungsphase ist im wesentlichen von dem persönlichen Einsatz Walter Weyels gekennzeichnet. Sowohl die Fabrizierung immer neuer Ideen als auch die praktische Verwirklichung am einzelnen Objekt führten ihn in diesen 50er Jahren auf den Höhepunkt seiner unternehmerische Initiative. Walter Weyel ist nie in seinem Leben bloßer Theoretiker gewesen. Seine Vorstellungen und Pläne entsprangen durchweg der Praxis und führten immer zum Erfolg, auch wenn manchmal jede Menge Geduld erforderlich war. Oft, so erzählte er verschiedentlich, kamen ihm nachts im Bett die besten Gedanken, die er dann sofort auf einem Notizblock festhielt, um sie anderntags in der praktischen Arbeit zu verwerten. Manchmal konnten diese Ideen auch ein wenig abwegig oder undurchführbar sein, besonders wenn sie in belastenden Grenzsituationen entstanden waren. So verfolgte er in den frühen fünfziger Jahren längere Zeit den Gedanken, das Geschäft mit Schulwandtafeln ganz aufzugeben und mit der großen elfköpfigen Familie nach Kanada oder Afrika auszuwandern. Dort wollte er mit seinen heranwachsenden Söhnen eine Farm aufbauen, die ihm und seiner Familie wenigstens das tägliche Brot gesichert hätte. Eine befreundete Bäckerfamilie aus Haiger, die in dieser Zeit nach Kanada auswanderte, hätte ihn fast zu diesem Schritt bewegt. Aus heutiger Sicht kann man nur dankbar sein, dass seine aus wirtschaftlicher Not geborene Idee nicht zum Zuge kam. Nachdem die Entwicklung der Schultafel mit Glasschreibflächen aber erste Erfolge gebracht hatte, konnte man an den Ausbau dieses wichtigen Lehrmittels herangehen. Die einfache, feststehende Schreibfläche genügte den modernen pädagogischen Anforderungen nicht mehr. Wenn die Schultafel das primäre Medium des unterrichtenden Lehrers bleiben sollte, dann mussten mehr Schreibflächen geschaffen und ein vielseitigerer Gebrauch der Tafel ermöglicht werden. Diesem Erfordernis kam man durch die Entwicklung und Herstellung der Klappschiebetafel nach. Besondere Sorgfalt galt hier der Konstruktion der Schiebegestelle, mit deren Hilfe die gesamte Tafel auf die jeweils notwendige Körpergröße des Lehrers oder Schülers eingestellt werden konnte. Man hatte zunächst mit einer Seilkonstruktion versucht, Tafel und Gegengewicht zum Verschieben zu bringen. Aber allzu häufig passierte es, dass sich die Tafel beim Schieben verkantete und nicht mehr zu bewegen war. Versuche, mit Hebelkonstruktionen und flaschenzugähnlichen Kraftübertragungen das Gegengewicht zu verringern, führten zu keinem brauchbaren Ergebnis. Erst die in späteren Jahren entwickelte Kraftübertragung mit Stahlwelle, Zahnrädern und Ketten befriedigte voll und ganz. Außerdem konstruierte man zwischen verschiebbarer Tafel und feststehendem Gestell Führungsschienen, die ein Verkanten der Tafel auch bei unsachgemäßer Handhabung unmöglich machten. Besondere Probleme entstanden vielfach beim Transport der schweren Glastafeln. Da die Größe des Unternehmens es bis dahin nicht zuließ, zweckentsprechende große Möbeltransportwagen anzuschaffen, mussten die Tafeln meist auf dem Dach von kleinen Kombiwagen oder auf einem mitgeführten PKW-Anhänger transportiert werden. Dass solche Fahrten, die oft über mehrere hundert Kilometer Entfernung gingen, voller Abenteuer und häufig auch jenseits der Straßenverkehrsordnung verliefen, wissen die damaligen Fahrer noch heute zu erzählen.

Im Kreise der betroffenen Familien gab es stets ein Aufatmen, wenn Mannschaft und Wagen von einer solchen Tour wieder wohlbehalten zu Hause angekommen waren.

Die wirtschaftliche Seite dieser Jahre ist durch langsames, aber stetes Wachstum gekennzeichnet. 1970 war es ein Umsatz von 3,5 Millionen DM, eine große Leistung für eine vergleichsweise kleine Firma. Der Tafel mit Glasschreibflächen gelang es in zähem Kampf mit der so genannten Holztafel an Boden zu gewinnen. Es gab manche Rückschläge durch falsche Handhabung der Tafeln, durch unsachgemäße Behandlung der Glasschreibflächen, durch Vorurteile der Lehrer gegen „zerbrechliches" Glas in der Schule. Das größte wirtschaftliche Problem der fünfziger Jahre aber war die harte Tatsache, dass sich die teure Glastafel gegen die wesentlich billigere Holztafel durchsetzen musste. Die öffentliche Hand hatte meist noch nicht das notwendige Geld, um sich für die bessere Möglichkeit zu entscheiden.

Aus diesem Grunde bot Walter Weyel den Schulen auch kombinierte Schultafeln an, deren Flügel aus verschieferten Holzschreibflächen bestanden und deren Mittelfeld mit einer Glasschreibfläche versehen war. Mit diesen verbilligten Tafeln erreichte man, einerseits auch größere Aufträge zu erhalten, und andererseits hoffte man, die Glastafel in den Schulen einzuführen, um sie dann nach Bewährung nur noch verkaufen zu können. Die Geschäftspolitik war von Anfang an darauf gerichtet, der Glasschulwandtafel den Durchbruch in den Schulen zu verschaffen. Walter Weyel konnte den Schulbehörden vorrechnen, dass auf die Dauer gesehen die Glastafel wesentlich preisgünstiger sei als die Holztafel, da diese im Abstand weniger Jahre ständig renoviert werden müsste. Auf diese Tatsache wurde dann in der Werbung zunehmend Wert gelegt. Auch dieser Faktor trug zum konstanten Aufstieg der Glastafel bei.

Detail der Mechanik, Fröbelschule Aschaffenburg
Quelle: Autor

Glas-Klappschiebetafel der Fröbelschule Aschaffenburg, um 1970
Quelle: Autor

Abgelöst wurde die Glastafel allmählich durch die Stahlemailletafel etwa um 1970. Diese war günstiger in der Anschaffung, benötigte keine Wartung und sie war bedeutend leichter. Außerdem wünschte man sich Tafeln an denen Magnete haften konnten.

Glastafel 3-fach verschiebbar in der Uni Bayreuth, um 1970
Quelle: Autor

Stahlemailletafel, um 1970, 2 Doppelpylonentafeln nebeneinander für noch mehr Schreibfläche in der Uni Bayreuth
Quelle: Autor

Pertinax

Pertinax ist ein Faserverbundwerkstoff aus Papier und einem Phenol-Formaldehyd-Kunstharz (Phenoplast). Dieses so genannte Hartpapier wird in der Elektrotechnik und in der Elektronik als Isolierstoff und isolierendes Trägermaterial für elektronische Bauteile und gedruckte Schaltungen verwendet, vorwiegend in Form von Leiterplatten (Platinen). Aus Pertinax wie auch aus dem verwandten Bakelit und dem so genannten Hartgewebe verdunsten immer geringe Mengen von Phenol und Formaldehyd, was nicht nur einen strengen Geruch erzeugt, sondern besonders bei der mechanischen Bearbeitung auch ein Gesundheitsrisiko darstellt.

Dieses Material wurde dann mit einem Kunststoff überzogen. Dieser war aufgeraut, somit haftete die Kreide gut auf dieser Oberfläche.

Aufgrund der für die Gesundheit schädlichen Stoffe, wurde diese Ausführung aber schnell wieder aus den Klassenräumen verbannt.

Stahlemaille

Schultafeln aus Stahlemaille sind derzeit die weitverbreitesten.

Die grünen Stahl-Oberflächen werden bei 800° Celsius eingebrannt (emailliert). Aus diesem Vorgang ergibt sich eine ausgezeichnete Oberflächenhärte und somit ist eine sehr lange Beschreibbarkeit der Schultafel gewährleistet.

Weitere Vorteile sind das vergleichsweise geringe Gewicht und die magnethaftende Oberfläche.

Schiebetafel - Mechanik der Führung im Rohr, um 1980
Quelle: Autor

Stahlemaille-Drehgestelltafel in der Wirtschaftsschule Krauss, Aschaffenburg, um 1980
Quelle: Autor

Stahlemaille-Pylonentafel, um 1990, Augsburg
Quelle: Autor

Schrankwandtafel in Kümmersbrück, um 1970
Quelle: Autor

Pylonenklappschiebetafel in Parkstein, um 1990
Quelle: Autor

Kante mit Abtropfleiste und
Kantenschutz, Schule Marktbreit
Quelle: Autor

Klappschiebetafel aus Stahlemaille,
um 1990, Schule Marktbreit
Quelle: Autor

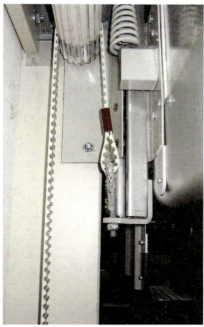
Rollen mit Gummibändern bei einer Stahlemailletafel, um 1980, Schule Waldenburg
Quelle: Autor

Wandabstandshalter, um 1960 Coburg
Quelle: Autor

Stahlemaille-Drehpylonen-Klapptafel mit Projektionsfläche in der Wirtschaftsschule Krauss in Aschaffenburg, um 1980
Quelle: Autor

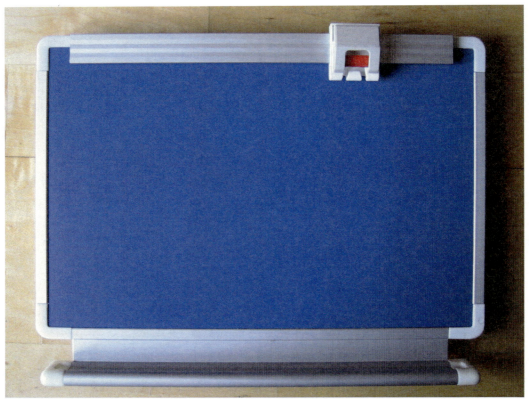

Stahlemailletafel mit blauem Anstrich - Stahlemailleblau - mit abgerundeten Sicherheitsecken, um 2000
Quelle: Autor

Stahlemailletafel - Mechanik einer fahrbaren Federzugtafel
Quelle: Autor

*Whiteboard-
Langwandtafel
Quelle: Autor*

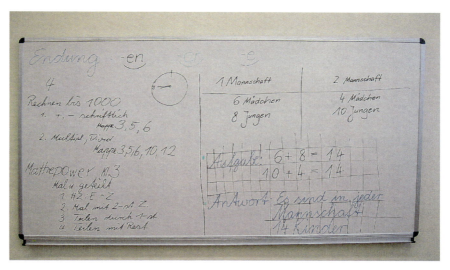

*Whiteboard-Doppeltafel, um 1980, Celtis Gymnasium Schweinfurt
Quelle: Autor*

Übergang Standtafel/ Gestelltafel/ Doppelgestelltafel

Wandabstandshalter zum Verhindern des Anschlagens der Tafelflügel an die Wand
Quelle: Autor

Im Laufe der Zeit fand ein Wandel in der Konstruktionsform der Schultafel statt.

Am Anfang stand bzw. saß der Lehrer auf einem Podest. Dadurch wurden die Möglichkeiten für die Aufstellung der Schultafeln begrenzt. Die Wandtafel befand sich entweder hinter dem Lehrer und die Staffelei/Gestelltafel fand ihren Platz links oder rechts neben dem Podest.

Ab 1940 wurde die Tafel raummittig gesetzt und verschiebbar gemacht, man konnte die Tafel somit in ihrer Höhe verstellen. Dadurch waren nun allmählich (Klapp-) Schiebetafeln mit Kettenzug möglich. Von nun an wurde alles verschiebbar mittels einer Kette gemacht, was sich ehemals an der Wand befand. Um die Tafeln in ihrer Bewegung nach unten zu stoppen, wurden erst Gummipuffer eingesetzt und später Federungen. All dies war zu dieser Zeit eine große Herausforderung.

Wandtafeln wurden vor 1940 u.a. mit Hilfe von Ketten und Ösen in der Höhe verstellbar gemacht.

Stahlemailletafel als fahrbare Tafel mit Federzug
Quelle: Autor

Aktuelle Tafelarten

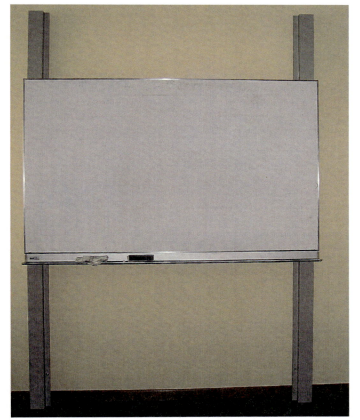

Whiteboard-Einflächentafel, Celtis Gymnasium Schweinfurt
Quelle: Autor

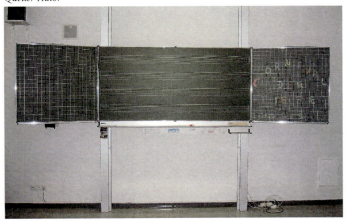

Stahlemailletafel - Pylonenklappschiebetafel
Quelle: Autor

Einflächen-Schiebetafel

Varianten: Wandmontage, Boden- und Wandmontage, Freistehende Ausführung, Fahrbare Ausführung.

Wandklapptafel mit oder ohne Federzugtechnik

Schreibflächen mit oder ohne versteckter Schiebevorrichtung für feste Wandmontage.

Klapp-Schiebetafel

Langes Gestell für auf dem Boden stehende Wandmontage und variantenreiche Kombinationen

Pylonen-Doppeltafel

Bei einer Pylonen-Doppeltafel sind zwei Schreibflächen, hintereinander und abhängig voneinander, in der Höhe verstellbar. Als Varianten können zwei oder drei Tafeln nebeneinander gestellt werden.

Pylonen-Einflächentafel

Pylonen:
straggepresste Aluminium-Profile natureloxiert, Gegengewichte aus Stahl. Die Gegengewichte werden in den Pylonen abgefedert. Springen und abreissen des Drahtseiles ist daher ausgeschlossen. Präzisionsführung mit 8 kugelgelagerten Laufrollen aus Polyamid für eine geräuscharme und wartungsfreie Führung der Tafelflächen.

Schreibflächen:
Emaillierte Schreibfläche, auf Trägerplatten in Sandwichbauweise aufgeleimt. Plattenstärke 24 mm. Die Kanten der Schreibfläche sind mit natureloxierten Aluminium-Profilen wasserdicht verklebt. Alle Ecken sind mit abgerundeten Kunststoffkappen eingefasst. Groß dimensionierte Griff- und Kreideablageleiste aus natureloxierten Aluminium mit seitlichen, bündig abschließenden Kunststoffecken.
Eine Schwamm- und Kreideablagen aus natureloxierten Aluminium mit seitlichen bündig abschließenden Kunststoffecken.

Stahlemaille-Doppelpylonentafel, um 2000, Walldorfschule Hassfurt
Quelle: Autor

Aktuelle Tafelarten – Schultafeln aus Stahlemail (magnethaftend)

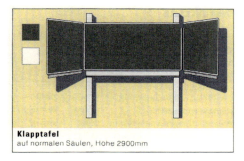

Klapptafel
auf normalen Säulen, Höhe 2900mm

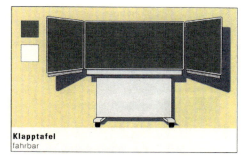

Klapptafel
fahrbar

Pylonen-Klapp-Schiebetafel
Extrem handliches Spitzenprodukt.
Einsatzbereiche in Klassen-, Mehrzweck- und Seminarräumen, in weiß für EDV-Räume. Wandbefestigte Tafel mit 5 Schreibflächen aus emailliertem Stahlblech (grün/weiß), magnethaftend, blendfrei. Breite, Alu-eloxierte Kreideleiste. Stabile Schwammablage. Klappflügel mit Schmutz-Auffangleisten. Abgerundete Sicherheitskanten und -ecken. Zusätzliche Schutzecken an Kreideleiste, 2 Schwammablagen und Schmutz-Auffangleisten. Höhenverstellung über leichtgängige, kugelgelagerte Laufrollen. Optimaler Schiebeweg vom Boden bis zur Decke. Gegengewicht verdeckt in den Säulen leicht laufend, geräuscharm und wartungsfrei. Säulenhöhe Standard 290 cm.

Klapp-Schiebetafel - fahrbar
Mobile Modelle für universellen Einsatz.
Wo die Wandstärke zur Tafelmontage nicht ausreicht oder Flexibilität gefragt ist, kommen diese freistehenden Klapp-Schiebetafeln zum Einsatz. 5 Schreibflächen. Geschlossene Rückwand. Brüstungsplatte aus melamin-harzbeschichteter Spanplatte. Breite, Alu-eloxierte Kreideleiste. Stabile Schwammablage. Klappflügel mit Schmutz-Auffangleisten. Führungsschienen aus Aluminium. Laufwagen mit 8 kugelgelagerten, leichtgängigen Laufrollen. Höheneinstellung durch Schiebemechanismus (kugelgelagerte Kettenwelle) mit Gegengewicht, wartungsfrei. Freistehendes Schiebegestell mit formrechtem Sicherheits-Standfuß, fahrbar auf 4 stabilen kugelgelagerten Doppellenkrollen, davon 2 feststellbar.

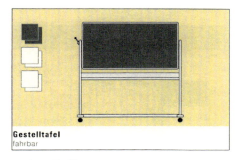

Gestelltafel
fahrbar

Drehgestelltafel
fahrbar, zerlegbar, leicht transportabel, formschön, variabel, zeitgemäß. Ideal für Gruppenräume, Sitzungszimmer, Seminarräume und Musikzimmer (einseitig oder beidseitig mit Notenlinien) oder als Hinweistafel bei Veranstaltungen. Zur Sicherheit abgerundete Kanten und Ecken. **Vorteile:**
Tafelfläche um 360° drehbar, beidseitig beschreibbar
In jeder gewünschten Schräglage feststellbar, Breite Kreideablage, Leicht fahrbar auf 4 stabilen Lauf-Lenkrollen, davon 2 feststellbar, Schreibflächen:
Stahlemaille, grün, magnethaftend - beschreibbar mit Kreide
Stahlemaille, weiß, magnethaftend - beschreibbar mit Faserstiften
Das Tafelblatt bietet sich in waagerechter Stellung als beschreibbare Arbeitsplatte an, praxisbezogener Unterricht wird hierdurch ermöglicht, besonders vorteilhaft für den Verkehrsunterricht

Quelle: Autor

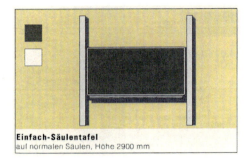

Einfach-Säulentafel
auf normalen Säulen, Höhe 2900 mm

Langwandtafel
Wandmontage

Pylonen-Großflächen-Schiebetafel
Für alle Bereiche, in denen große Arbeitsflächen zweckmäßig sind. Ideal für Berufs- und Fachschulen, Sprachlabor sowie Seminar-, Computer- und Hauswirtschaftsräume.
Abgerundete Sicherheitskanten und -ecken. Zusätzliche Schutzecken an Kreideleiste und Schwammablage.
Höhenverstellung über leichtgängige, kugelgelagerte Laufrollen. Optimaler Tafeleinsatz durch extrem langen Schiebeweg vom Boden bis zur Decke. Säulenhöhe Standard 290 cm.

Langwandtafel
für Festmontage,
unsichtbare Aufhängevorrichtung, magnethaftendes Schreibsystem in Stahlemail grün/weiß oder mit Naturkorkfläche.
Dieses praktische Modell gehört als Standardausrüstung in jeden Unterrichtsraum. Die ideale Ergänzungstafel für jedes Klassenzimmer und den Computerraum. Breite, Alu-eloxierte Kreide- und Ablageleiste. Abgerundete Sicherheitskanten und -ecken.
Zusätzliche Schutzecken an der Kreideleiste. Alle Langwandtafeln können mit einer zusätzlichen Bilderklemmleiste versehen werden.
Anschauungsmaterial jeder Art lässt sich problemlos befestigen, eignet sich besonders für gezielte Informationsvermittlung, für eine stärkere Aktivierung der Schüler.

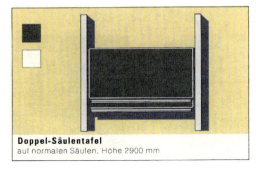

Doppel-Säulentafel
auf normalen Säulen, Höhe 2900 mm

Pylonen-Doppelflächen-Schiebetafel
Mit 2 voneinander unabhänig vertikal verschiebbaren, großen Schreibflächen.
Die richtige Lösung für wissenschaftliche Fachbereiche. Besonders geeignet für den Unterricht in Hörsälen, Fachräumen und für alle Auditorien. Eine Kombination aus Doppelschiebetafel und Lichtbildwand findet häufig in Fachräumen Verwendung. In Chemieräumen ist die Montage vor in die Wand eingelassenen Digistorien möglich.
Durchgehend breite, Alu-eloxierte Griff- und Kreideleiste. Abgerundete Sicherheitskanten und -ecken. Zusätzliche Schutzecken an der Kreideleiste. Höhenverstellung über leichtgängige, kugelgelagerte Laufrollen. Die Tafelflächen sind vom Boden bis zur Decke in den geräuscharmen, wartungsfreien Alu-Pylonenführungen leicht verschiebbar.
Pylonenhöhe Standard 290 cm. Weiß oder grün emaillierte Schreibflächen aus Stahl, magnethaftend.

Lineaturen:

Alle Lineaturen werden in einem Spezialverfahren aufgetragen und sind nicht mehr zu entfernen.

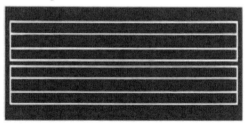

Normschrift 1.Schuljahr
Nr. 01 Abstand: 4-5-4 cm

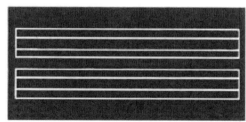

Normschrift 2.Schuljahr
Nr. 02 Abstand: 3-4-3 cm

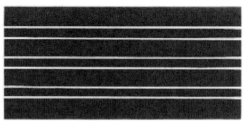

Doppellinien Normschrift 3.Schuljahr
Nr. 03 Abstand 3,5cm - 8cm

Normschrift 4.Schuljahr
Nr. 04 Abstand: 10 cm
Nr. 08 Abstand: 8 cm

Rechenkästchen
Nr. 05 Abstand: 5 cm
Nr. 07 Abstand: 7 cm
Nr. 10 Abstand:10 cm

Kreuzkaro
Nr. 11 Abstand: 5 cm
Nr. 12 Abstand:10 cm

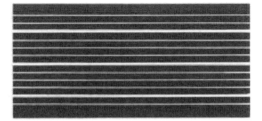

Kurzschrift-Lineatur
Nr. 14 Abstand: 4 cm

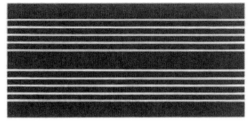

Notensystem-Lineatur
Nr. 15 Abstand: 2,5 cm
Nr. 16 Abstand: 5 cm

Quelle: Autor

Die Lehrmethodik an der Tafel

Tipps und Hinweise für die Tafel

Blickkontakt
Während des Sprechens zu den Teilnehmern schauen. Redepause während des Schreibens einhalten.

Schrift
Nur gut lesbar schreiben.
Keine reine Großschreibung verwenden.
Groß genug schreiben.

Formate
Informationen so groß an die Tafel bringen, dass auch die am weitesten entfernten Teilnehmer noch gut lesen können.
Die Tafel nicht über die ganze Breite benutzen. Am besten die Tafel am Anfang entsprechend mit Linien teilen.

Sichtbarkeitsdauer
Vor dem Umklappen bzw. dem Abwischen der Tafel sich vergewissern, dass die Informationen aufgenommen wurden.

Feedback/Reflektion
Den Teilnehmern die Informationen reflektieren lassen (entsprechende Pausen). Fragen, ob alles verstanden worden ist.

Farben
Nicht zu viele Farben benutzen.
Nur helle Hintergrundfarben benutzen.
Keine hellen Schriftfarben benutzen.

Position
Sich so stellen, dass der Blick zur Tafel frei ist.
Zum Anzeigen einen Zeigestock benutzen.

Struktur
Auf eine gute Tafeleinteilung achten.
Inhalte möglichst gliedern und Gliederung mit anschreiben.
Haupt- und Nebenschriften voneinander bewusst abgrenzen.

Körper- und Kreidehaltung

Bei allen Arbeiten an der Schultafel gewöhne sich der Körper an eine ruhige, ungezwungene, aufrechte Stellung und vermeide alles, was namentlich die Augen schädigen könnte. Der Körper werde daher nicht zu nahe der Tafel gehalten, der arbeitende Arm sei in der Regel schwach gebogen und vermeide jede Steifheit in der Bewegung. Sind die Schultafeln nach jeder Richtung hin und in eine bequeme Lage zu bringen, so kann es für die Körperhaltung keine unnatürliche Haltung geben, außer es sei die üble Angewöhnung zu nahe bei der Tafel zu stehen. Anders verhält es sich, wenn die Schultafel nicht in die gewünschte Lage gebracht werden kann, also eine so genannte fixe Tafel ist. Will nun der Lehrer eine solche unbewegliche Tafel voll und ganz benutzen, so ergeben sich eine Menge Unzukömmlichkeiten, welche ihm manchmal sogar das Arbeiten verleiden können.

Manchmal muss der Lehrer beim Arbeiten an der Schultafel eine etwas seitliche Stellung zur Tafelfläche einnehmen. Sollen die Schüler bei gemeinsamen Vorführungen, Massenkorrekturen etc. auf besondere Eigentümlichkeiten, Fehler usw. aufmerksam gemacht werden und etwa den Zug einer Linie in ihren charakteristischen Teilen Stück für Stück genau verfolgen, dann hat der Lehrer in einer allen Schülern sichtbaren Weise das Gewünschte vorzuzeigen. Der Lehrer nimmt in einem solchen Falle seine Stellung am besten rechts in der Richtung der Schreibbewegung ein, so dass sein Gesicht und seine Brust den Schülern zugewendet ist und der Rücken mit der Tafelfläche einen möglichst kleinen Winkel bildet. Der schreibende oder zeichnende Arm wird dadurch frei gehalten und gewährt eine allen Kindern sichtbare Bewegung der Kreide. Besonders für den Lehrer der Unterstufe eignet sich diese seitliche Stellung beim Arbeiten an der Schultafel, um sowohl den Kleinen das Nachmalen des Tafelbildes zu erleichtern, sich selbst auch die Disziplin und den Unterrichtsgang zu unterstützen, da auf diese Weise, stets die ganze Klasse während des Arbeitens im Auge behalten wird. Die geteilte Aufmerksamkeit auf Schüler und Tafelarbeit muss freilich auch erprobt werden und macht manchen Schwierigkeit, sobald das Tafelbild einwandfrei ausfallen soll. Man versuche es einmal und urteile nachher selbst!

Das Wandtafelzeichnen um 1930

Die Wandtafel ist eine Schreib- und Zeichenfläche. Sollen auf ihr Schrift und Zeichnung deutlich lesbar sein, muss die Tafelfläche tiefschwarz oder in einem dunklen Grün sein. Bei zu glatten Tafelflächen wird der Kreidestrich ungleichmäßig, da die Kreide stellenweise nicht haftet. Sie braucht eine raue Fläche, an der sie sich „ab"schreiben kann. Eine gute Tafel soll ferner gleichmäßig eben sein und keine Risse, Sprünge und Schrammen aufweisen. Um eine Tafelfläche recht lange einwandfrei zu erhalten, dürfen wir die Oberfläche nicht durch Reißzwecken oder Zirkelspitzen verletzen; denn durch die Löcher dringt Wasser unter die Oberfläche, es entstehen Quellungen und Sprünge, bis sich schließlich die Farbschicht in kleinen Stückchen ablöst. Dadurch wird die Tafel allmählich unbrauchbar. Der Form und der Größe nach kennen wir verschiedene Ausführungen von Schulwandtafeln. Die älteste Form ist die transportable Stehtafel auf der dreibeinigen Staffelei, die allerdings heute höchstens noch als Notbehelf einmal benutzt wird. Diese Form ist durch weitaus praktischere Konstruktionen ersetzt worden. Am vorteilhaftesten erweisen sich Schulwandtafeln, die sich verschieben oder drehen lassen. Auf ihnen können wir vor der Unterrichtsstunde Zeichnungen und Texte vorbereiten, die wir zu gegebener Zeit den Schülern darbieten, oder im Unterricht entstandene Tafelbilder können für spätere Zwecke bewahrt werden. Jede Tafel sollte zum Auffangen des Kreidestaubes und des Wassers, das beim Säubern mitunter herunter fließt, unten mit einem waagrechten Tafelbrett abschließen. Es verhindert das Beschmutzen des Fußbodens. Die Größe der Tafelflächen ist von den jeweili-

Quelle: Weber, Technik des Tafelzeichnens. Verlag B.G. Teubner, Leipzig-Berlin

Quelle: Weber, Technik des Tafelzeichnens. Verlag B.G. Teubner, Leipzig-Berlin

Quelle: Weber, Technik des Tafelzeichnens. Verlag B.G. Teubner, Leipzig-Berlin

Quelle: Weber, Technik des Tafelzeichnens. Verlag B.G. Teubner, Leipzig-Berlin

Quelle: Weber, Technik des Tafelzeichnens. Verlag B.G. Teubner, Leipzig-Berlin

Quelle: Weber, Technik des Tafelzeichnens. Verlag B.G. Teubner, Leipzig-Berlin

Quelle: Weber, Technik des Tafelzeichnens. Verlag B.G. Teubner, Leipzig-Berlin

gen Raumverhältnissen abhängig; wenn es nach unseren Wünschen ginge, könnten sie nicht groß genug sein. Im allgemeinen sollte eine Wandtafel mindestens einen Meter hoch und drei Meter lang sein, ideal ist eine Höhe von etwa zwei Metern. Für die Arbeit der Schüler an der Tafel sollte ein Teil einer Seitenwand des Klassenzimmers als Tafelfläche präpariert sein

Die Kreide, unser Schreib- und Zeichenmittel, soll vor allem sandfrei sein und darf weder zu hart noch zu weich sein. Farbige Kreiden dürfen keine giftigen oder für den Menschen schädliche Substanzen enthalten.

Schwamm und Tafellappen sind in erster Linie die Reinigungsmittel der Tafel; doch spielt der Schwamm auch als Darstellungsmittel keine unbedeutende Rolle. Am besten eignet sich ein kubischer Viskoseschwamm von der Länge einer Handspanne.

Als Tafellappen, der nur zum Trocknen der Tafel dienen soll, eignet sich jeder Scheuerlappen, der saugfähig ist und nicht fasert.

Lehren mit Hilfe der Schultafel

Will ein Vortragender seinen Unterricht noch wirkungsvoller gestalten, so steht ihm die Wandtafel zur Verfügung.

Die Wandtafel ist ein Gerät, das vom Vortragenden eigentlich bei allen Themen herangezogen werden sollte. Auf der Tafel sollen nicht nur in Schrift oder Zahl, Rechtschreibungs- oder Rechenthemen fixiert werden, sondern diese geduldige Projektionsebene sollte jeden Gedanken, der den Hörern vielleicht nicht allgemein geläufig sein könnte, aufnehmen und bildlich zeigen.

Ist der Vortragende zeichnerisch begabt, dann treibt es ihn von selbst zur Tafel, um den Kern seines Themas mit einigen Strichen anschaulich zu machen.

Es gibt viele Menschen, die glauben, sie können nicht zeichnen. Das stellt sich meist als Irrtum heraus. Man darf sich nicht einbilden, mit einem Rembrandt, Rubens und wie die großen Künstler alle heißen, konkurrieren zu müssen.

Bildliche Darstellungen, die ein instruktives Thema ausdrücken sollen, werden am besten in schematischer Form ausgeführt.

Die darstellende Geometrie ist die Quelle aller schematischen Formen. Mit Wandtafelzirkel, -winkel, -winkelmesser, -lineal usw. lassen sich alle schematische Formen an die Tafel zaubern. Diese Geräte zeichnen sich aber durch beachtliche Plumpheit aus, und die Wandtafelkreide ist auch alles andere, nur kein gut gespitzter 2 H-Zeichenstift. Das Hauptübel der Wandtafelgeräte ist, dass sie den fließenden Ablauf eines Vortrages sehr hemmen.

Es ist ein idealer Zustand, wenn sich der Vortragende als Wandtafelzeichner so viel wie nur möglich von diesen Geräten freimachen kann.

Tatsächlich ist es gar nicht nötig, dass die Wandtafelzeichnung eine mathematisch annähernde Genauigkeit hat. Von mathematisch „annähernder" Genauigkeit können ja auch nur die peinlichst ausgeführten Konstruktionszeichnungen sein. Mathematisch genau ist nur die Zahl. Bei der Zeichnung steht vor dieser Genauigkeit die relative Dicke des Striches, wie sie selbst der härteste, gut gespitzte Bleistift und die feinste Ziehfeder aufweist. In weit erhöhtem Maße ist das beim Wandtafelzeichnen selbst mit gut gespitzter Kreide und mit gut gepflegten Geräten der Fall. Die allgemeinen zeichnerischen Schwierigkeiten erfahren durch die Ausmaße der Wandtafel noch eine beachtliche Steigerung.

Es ist tatsächlich so, dass man ebenso gut freihändig arbeiten kann. Die Wirkung einer Wandtafelzeichnung ist auf die Ferne zugeschnitten. Millimetergenaue Beweisführung würde in den letzten Reihen der Hörer sowieso nicht erkannt. Hält die Wandtafelzeichnung mit dem flotten Fluss des Vortrags Schritt und beschränkt sich in ihrem Ausdruck auf das Wesentliche, dann wirkt sie überzeugender als eine sehr exakt ausgeführte Gerätezeichnung, die den Vortragenden vor Zeicheneifer hat verstummen lassen.

Gewiss, es weckt immer das Interesse der Hörer wenn sich an der Wandtafel etwas tut; es darf aber nicht zu lange dauern, ehe etwas Positives entsteht. Gelingt es dem Vortragenden, im Rhythmus seiner Worte zu illustrieren, dann dürfte wohl keine Hörer vor Langeweile einschlafen.

Um das aber zu erreichen, darf der Wandtafelzeichner so wenig wie möglich von den Wandtafelzeichengeräte abhängig sein.

Zum Freihandzeichnen hält man stets die Kreide so, das die Hand als ein voraus gleitender Schlitten wirkt. Logische Überlegungen und vor allem ein praktisches Ausprobieren müssen zu der Erkenntnis führen, dass jeder Versuch, Strichrichtungen durch Fingerbewegungen zu regulieren, nie zum vollen Erfolg führen kann. Es ist schon durch den anatomischen Bau der Hand bedingt, dass die drei Schreibfinger: Daumen, Zeigefinger und Mittelfinger, wenn sie beim Schreiben oder beim Zeichnen bewegt werden, sich in drei Richtungen bewegen müssen. Man beobachte einmal daraufhin seine eigene, zugreifende Hand. Die einzelnen Finger schließen sich nicht im selben Winkel. Somit sind die drei Schreibfinger nur zu gegenläufigen Bewegungen fähig. Werden nun diese Finger zur Strichregulierung herangezogen, so erzeugt das einen nicht nur nutzlosen, sondern völlig widersinnigen Kampf, der den Schwung des entwerfenden Zeichnens nur hemmen

kann. Bei dauerhafter Anwendung dieser anatomisch widersinnigen Bewegung für dieser stete Kampf zum Krampf. Bekannt ist dieser Zustand unter dem Namen „Schreibkrampf". Die Hand soll die Kreide nicht halten sonder als „Lager" dienen.

Zwischen dem Zeichnen mit Bleistift und dem Zeichnen mit der Kreide besteht ein grundlegender Unterschied. Beim Bleistiftspitzen ruht die den Stift führende Hand mit der äußeren Handkante beziehungsweise mit den Fingerspitzen auf der Unterlage. Die Zeichenbewegung wird fast ausschließlich von den Hand- beziehungsweise Unterarmmuskeln ausgeführt. Nur beim großflächigen Zeichnen geht die Bewegung mehr vom ganzen Arm aus. Beim Tafelzeichnen hingegen nimmt die Bewegung fast nur vom Schultergelenk ihren Ausgang. Hinzu kommt dass man im Gegensatz zum üblichen Zeichnen auf einer vertikalen Ebene zeichnet. Die Hand hält nur die Kreide und ermöglicht durch den entsprechenden Druck den gewünschten Strich.

Die Hand umfasst die Kreide so, das die Spitze des

Zeigefingers am vorderen Ende aufliegt und das Kreidestück sich innerhalb der Handhöhlung befindet.
Je nach Handhabung der Kreide lassen sich verschiedene Stricharten ausführen, die wir im folgenden kennen lernen.
Nach der Funktion der Linien unterscheiden wir zwei Arten:

Die Hilfslinie
Die Konturlinie

Die Hilfslinie wird zum Entwerfen und Vorzeichnen verwendet. In der Regel dient sie dem Zeichner nur als Hilfe. Sie soll deshalb ganz dünn sein. Nur dann, wenn sie innerhalb einer Zeichnung eine bleibende Funktion hat (bei geometrischen Darstellungen zum Beispiel), ist sie zwar dünn, doch gut lesbar und sauber durchzuführen.
Die Hilfslinie erfordert eine besonders lockere Handhabung der Kreide. Das Kreidestück wird an der jeweils schärfsten Kante oder Ecke aufgesetzt und beim Ziehen wird nur ein geringer Druck ausgeübt.
Die Konturlinie kennzeichnet in der fertigen Zeichnung die endgültige Umrissform. Aus diesem Grunde ist sie in jedem Falle kräftig auszuführen. Als Konturlinie können wir je nach der Absicht im Unterricht, die wir mit unserer Zeichnung verfolgen, zweierlei Stricharten verwenden. Es sind diese:
Der gleichmäßige Strich (Schnurzugstrich)
Er entsteht, indem wir die Kreide bei gleich bleibendem Druck ziehen. Je nach dem Ansatz der Kreide kann der Strich breit und dünn sein. In dieser Strichart sind geometrische Formen, technische Dinge, Ornamente, die Blockschrift und wissenschaftliche Schemata zu zeichnen. Wir erkennen daraus, dass dem Technischen, Gebauten und Konstruierten nur der strenge, gleichmäßige Strich entsprechen kann.

Der bewegte „lebendige" Strich.
Diesen Strich erhalten wir, wenn wir beim Ziehen der Kreide den Druck verändern. Er wird vor allem beim Zeichnen organischer Formen angewandt, als bei der Darstellung von Pflanzen, Tieren und Menschen; er verleiht der Abbildung des Organischen größere Lebendigkeit. In besonderen Fällen, wie zum Beispiel bei dem Blatt und dem Ast kann das Organische nur durch den lebendigen Strich ausgedrückt werden. Würden wir z.B. ein Ahornblatt statt im lebendigen Strich im Schnurzugstrich ausführen, büßt es dir Lebendigkeit ein und wirkt ornamental.
Diese Ausführungen hinsichtlich des Zeichnens auf einer Wandtafel lassen sich noch weiter führen, aber zur Darstellung der Besonderheit des Schreibens auf einer Tafel genügen sie.

Die Bildwirkung:
Hell-Dunkel

Auch heute verzichtet man keineswegs darauf, in den Schulen schwarze Wandtafel zu benutzen. Ob die Wandtafeln nun immer schwarz und die Schrift weiß ist oder ob Nuancen von etwa dunkelgrün und heller Kreide angewandt werden, ist von sekundärer Bedeutung. Wichtiger ist vielmehr die Tatsache, dass die Bildwirkung „Hell auf Dunkel" hervorgerufen wird. Dies geschieht in der Erkenntnis und Feststellung, dass helle Zeichen auf dunklem Grund sub-

Die Farbe der Tafel und der Kreide

jektiv größer erscheinen und damit deutlicher werden. Der Mediziner bezeichnet dieses Phänomen als „positive Irradiation".

Farbe der Tafel und der Kreide

Im Verlaufe der vergangenen Jahrzehnte und im Zuge der bewussten Einbeziehung der Farbe ins gesamte menschliche Leben wurde der schwarze Farbton der Schulwandtafeln nur in negativem Licht gesehen. Dabei fiel auch das Schwarz der Tafel der Zeitkritik zum Opfer. Die Gründe hierfür sind naheliegend. Das erwachte Interesse für das Farbige und für die Probleme – Licht und Farbe – musste am „toten" Schwarz Anstoß nehmen, zumal in Verbindung mit dem Gerät, das in der Erziehung des Kindes so eine wichtige Rolle spielt.
Bei der Untersuchung der physiologischen und psychischen Wirkungen der Farbe ergaben sich wesentliche Erkenntnisse über die Auswirkung von Licht und

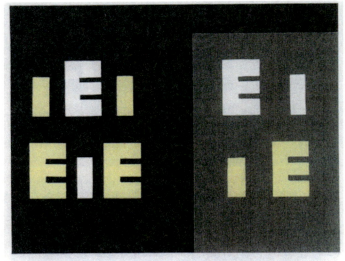

(434) *Schriftzeichen in weißer und mit Oxydgelb angetönter Kreide auf dunkelblauem Tafelgrund.*

(428) *Grauer Tafelton mit weißen und gelblichen Schriftzeichen.*

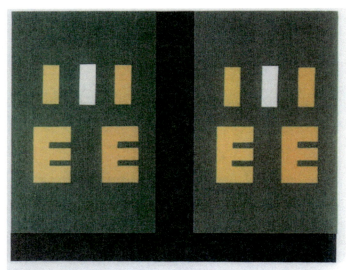

(427 b)   (427 a)
Schriftzeichen in Weiß, Gelb und Orange auf grünem Tafelgrund.

Kontrastbeispiele
„Wandtafelzeichnen in der Volksschule" von Eugen Oscar Breitinger und Johannes Seipp
Quelle: Hermann Luchterhand Verlag

(430) Weiße und gelbe Schrift auf schwarzem, grünem, rotem und blauem Grund.

Kontrastbeispiele
„Wandtafelzeichnen in der Volksschule" von Eugen Oscar Breitinger und Johannes Seipp
Quelle: Hermann Luchterhand Verlag

Kontrastbeispiele aus „Wandtafelzeichnen in der Volksschule" von Eugen Oscar Breitinger und Johannes Seipp
Quelle: Hermann Luchterhand Verlag

Die Bildwirkung: Schwarz – Weiß

Auch heute verzichtet man keineswegs darauf, in den Schulen schwarze Wandtafeln zu benutzen. Ob die Wandtafel nun immer schwarz und die Schrift weiß ist oder ob Nuancen von etwa dunkelgrün und heller Kreide angewandt werden, ist von sekundärer Bedeutung. Wichtiger ist vielmehr die Tatsache, daß die Bildwirkung „Hell auf Dunkel" hervorgerufen wird. Dies geschieht in der Erkenntnis und Feststellung, daß helle Zeichen auf dunklem Grund subjektiv größer erscheinen und damit deutlicher werden. Der Mediziner bezeichnet dieses Phänomen als „positive Irradiation".

Hierzu äußert sich Dr. Eberhard Wagner von der Augenklinik der Universität Frankfurt (Main) in einem Gutachten:

„Zusammenfassend läßt sich also feststellen, daß von einem bestimmten Gesichtswinkel an — in dessen Bereich Wand- und Schiefertafel liegen — die positive Irradiation mit Vergrößerung des lichtstärkeren Bildes einsetzt. Dieses Phänomen ist durch zahlreiche messende Untersuchungen absolut sicher bewiesen. Diese Tatsache ist aus der Schatten-Hell-Kunst eines Rembrandt nicht wegzudenken."

Die nachstehende Figur aus der Physiologischen Optik von F. B. Hoffmann kann als weiteres Beispiel dienen. Das helle Rechteck erscheint größer und deutlicher als das schwarze.

Aber weiter lautet dann die Schlußfolgerung im gleichen Gutachten:

„Auch bei den Schiefertafeln der ABC-Schützen ist weiß auf schwarz vorzuziehen. Man muß sich die Frage vorlegen, warum sich dieses System so gut eingeführt hat und nur unter großen Bemühungen — noch dazu vom augenärztlichen Standpunkt völlig unzweckmäßig — wieder auszubürgern wäre. Sicher ist jedenfalls soviel, daß es keine Gewohnheitsfrage ist, sondern ganz bestimmte physiologisch-optische Gründe vorliegen."

Damit ergibt sich aber ganz eindeutig, daß die dunkle Farbe des Schiefers nicht eine unerwünschte Begleiterscheinung ist, sondern daß das gerade einer der Gründe ist, warum man nach Jahrhunderten der Papierverwendung darauf gekommen ist, Schiefer als Schreibfläche wieder zu entdecken.

Zu den Vorzügen einer blendfreien und deutlichen Wiedergabe der Schriftzeichen kommt aber als weiteres

Die Oberflächeneigenschaft des Schiefers

Der geeignete Schiefer ist glatt und griffig zugleich. Der richtig ausgewählte Griffel — Härtegrad der Tafel und des Griffels lassen sich leicht aufeinander abstimmen — gleitet über die Fläche, ohne zu rutschen. Bei jeder Ersatz- oder Kunsttafel muß diese besondere Eigenschaft erst angestrebt werden. Schon Ende des 19. Jahrhunderts hat es nicht an Versuchen gefehlt, die Schiefertafel durch künstliche Erzeugnisse zu ersetzen. Damals wie heute blieben die Versuche unbefriedigend, weil es nicht gelingt, das natürliche Produkt überzeugend und tauglich nachzubilden.

Und weiter: Der Schiefer ist auf der einen Seite ebenso widerstandsfähig wie nachgiebig auf der anderen. Die Kinderhand ist ungelenk und bedarf eines gewissen Widerstandes, den das Papier nicht bietet. Zugleich will sie geführt werden, wie es durch die griffige Oberfläche und die Lineatur geschieht. Auf der anderen Seite ergibt sich schon bei geringstem Druck eine klare Schrift. Es ist in Versuchen nachzuweisen, daß bei dem Schreiben auf der Schiefertafel weniger Druck erforderlich ist als bei Benutzung von Schreibpapier. Der Druck,

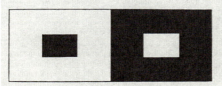

Die Schiefertafel in der Schule - Schwarzweiß-Wirkung
Quelle: Autor

100

Farbe auf das Leben und die menschliche Tätigkeit. Besonders in den USA wurde dies intensiv untersucht. Die Ergebnisse waren so gravierend, dass die Lichtführung und die Farbgestaltung im Arbeitsraum und am Arbeitsplatz wesentliche Änderungen erfuhren, die sogar zu messbaren Erfolgen führten. Es bildete sich in den angloamerikanischen Ländern der Begriff des „comfort in lighting". Die Wirkung der Farbe auf den Menschen als Grundlage des „color conditioning" wurde experimentell untersucht. Die Ergebnisse wurden publiziert. In „New Horizons in Color" unterscheidet F. Birrens „functional colors", welche für Schulen und Industrieräume von Bedeutung sind, und „decorativ colors" für Verkaufsräume, Wohnräume und Hotels. Die Behaglichkeit, welche in Räumen Licht und Farbe und am Arbeitsplatz schaffen kann, ist die Voraussetzung, um eine höhere Leistung zu erzielen.

Deshalb ist die Schaffung einer schulgemäßen Licht- und Farbatmosphäre notwendig. Deshalb wird heute in dieser Richtung viel versucht und getan, denn der Schulraum braucht ein Klima, das durch die Farbgestaltung nicht nur leistungssteigernd, sondern auch wohltuend auswirkt. Die Tafelfläche sollte möglichst dunkel sein. Sie muss möglichst viel Licht absorbieren, während die Kreide das auffallende Licht wieder zurückstrahlen soll.

Die Tafeloberfläche ist für die Bestimmung des geeigneten Farbtones ebenso zu berücksichtigen wie die physiologischen Reaktionen des Auges und wie die Antworten der Schülerpsychen auf diesen Farbreiz. Jede einseitige Beachtung der Gegebenheiten unter exklusiven Gesichtspunkten muss zu Fehlurteilen führen. Daher muss man voraussetzen, dass bei der Farbgebung der Tafeloberfläche sämtliche wirksame Faktoren und sämtliche Reaktionen darauf beachtet und entsprechend mit einbezogen werden.

Nicht zu vergessen ist, dass Tafel und Kreide zusammengehören. Auch ihre gegenseitige Relation ist Gesetzmäßigkeiten unterworfen; und auch der Farbton der Kreide wirkt sich bis ins Individuelle hinein aus. Ursprünglich war die grüne Tafelfarbe nur im Zusammenhang mit einer gelben oder orangefarbenen Kreide gedacht. Diese intensiven Farbtöne für die normale Gebrauchskreide konnten sich nicht durchsetzen; sie wurden abgelehnt. Die Gründe hierfür sind ohne weiteres verständlich. Man bedenke nur, wie fest sich gerade gelbe und rote Pigmente auf der Tafelfläche festsetzen und haften, während Gipsstaub leicht wieder zu entfernen ist. Ebenso ist es bei den Händen und Kleidern. Daher gibt es für Zeichnen und Schreiben auf der Tafel bis jetzt noch nichts Geeigneteres als die weiße Kreide. Sie hat sich im allgemeinen Gebrauch behauptet.

Der weiße Kreidestrich auf der schwarzen Tafel wirft höchstens 75-78% des einfallenden Lichtes zurück, während die tief schwarze Tafel kaum mehr als 90-92% des Lichtes absorbieren kann; sie strahlt im günstigsten Fall immer noch 8-10% zurück. Verringert man nun den Schwarzwert der Tafelfläche innerhalb der Graureihe nach Weiß hin, so muss auch die Remissionsdifferenz mit dem Weiß der Kreide kleiner werden. Das bedeutet aber, dass die Unterschiedsintensität als Voraussetzung für die Lesbarkeit um so geringer wird, je mehr sich der Tonwert nach Weiß hin bewegt. Eine graue Tafel kann demnach bei Verwendung der üblichen weißen Kreide ihre Aufgabe weniger erfüllen als eine schwarze, weil sich das Auge des Schülers beim Ablesen mehr anstrengen muss und deshalb rascher ermüdet. Diese Tatsache lässt sich schon durch einen rein optischen Vergleich zwischen Anschrieben auf grauen und schwarzen Tafeln überprüfen. Der Unterschied ist dabei so offensichtlich, dass man ihn nicht einmal photometrisch nachweisen müsste.

Der größte Kontrast, der zwischen den beiden Faktoren möglich ist, muss für das Auge natürlich außerhalb des Blendungsbereiches liegen. In diesem Falle geben die Grenzwerte dieses Kontrastes die Gewähr für gute, wenn nicht die beste Lesbarkeit des Geschriebenen. Allgemein bekannt ist, dass ein grauer Fleck auf einem schwarzen Grund heller erscheint, als wenn derselbe Fleck auf einem weißen Grunde steht. In beiden Fällen tritt eine scheinbare Steigerung der Helligkeitswerte infolge der offensichtlichen Steigerung durch die Kontrastwirkung ein. Der gemessene Grauton ruft also Sinneseindrücke (Empfindungen) hervor, welche sich ändern, sobald sich die Helligkeitswert der Umgebung ändern. Man kann somit sagen: Ein Grauton mit photometrisch definiertem Helligkeitswert hat keine eindeutig bestimmte physiologische Wirkung, der hervorgerufene Eindruck wird durch die Umgebung dieses Grautones mitbestimmt; das Umfeld bestimmt die Wirkung des Infeldtones mit. Werden die Unterschiede zwischen grauem Fleck und seiner Umgebung gering, dann verschwimmt der Fleck in seiner Umgebung; der Kontrasteffekt schlägt um. Steigert sich aber die Helligkeitsdifferenz, dann nimmt die Kontrastwirkung nicht nur im Maßstabe der Steigerung, sondern merklich mehr zu. Der weiße Fleck auf einem schwarzen Grund erscheint brillanter als eine weiße Fläche derselben Helligkeitsstufe. Man kann diese Erscheinung deutlich verfolgen, wenn man über einem Grund, der eine Graureihe darstellt, schmale weiße Bänder zieht. Auf die Wandtafel bezogen will das besagen: Der weiße Kreidestrich steht auf der schwarzen Tafel mit der intensivsten Kontrastwirkung, die hier möglich ist. Nimmt auf der Tafelfläche die Absorption des einfallenden Lichtes ab, wird diese Fläche also grauer, so wird die Kontrastwirkung geringer. Sie nimmt sogar rascher ab, als die Remissionsdifferenz erwarten lässt. Der Schwarz-Weiß-Kontrast gewährleistet somit innerhalb der Graureihe die beste Unterscheidbarkeit (Lesbarkeit) der Kreidezeichen an der Tafel. Die Unterscheidbarkeit nimmt mit dem Hellerwerden des Tafelgrundes rascher ab als die lineare Helligkeitsdifferenz. Im Maße der Verminderung des wirksamen Kontrastes wird der Ableseprozess anstrengender, weil zum Lesen mehr Kraft aufgewendet werden muss und weil dadurch das Auge rascher ermüdet. Diese unerwünschte Mehrbelastung und die dadurch bedingte Abnahme der Konzentration und der Aufnahmefähigkeit der Schüler kann vermieden werden, wenn die Tafelfläche und der Kreidestrich in die richtige Beziehung zueinander gesetzt werden.

Dabei ist auch zu beachten, dass jede Tafel durch die Benutzung vergraut, wodurch ihre optische Wirkung beeinträchtigt wird. Das Vergrauen rührt daher, dass Kreideteilchen auch beim Abwaschen an der Tafelfläche haften bleiben. Bei den üblichen Methoden der Tafelreinigung tritt der Graueffekt besonders stark auf. Die Lesbarkeit wird damit erheblich vermindert, ein Umstand, der sich auf der schon grauen Tafel natürlich noch ungünstiger auswirkt.

Aus psychologischen Erwägungen heraus kam man auf das Grün der Wandtafeln.

Was spricht gegen Schwarz? Die klassische schwarze Tafel stand oder hing vor einer hell getünchten, meist weißen Wand. Mit dem wachsenden Interesse am Farbigen musste dieser schwarze Fleck auf der hellen Wand unangenehm empfunden werden, nicht allein wegen der schwarzen Farbe der Tafelfläche an sich, sondern wegen ihrer Beziehung zum weißen Hintergrund. Derartige Relationen wurden in der Beleuchtungstechnik wiederum unter wirtschaftlichen Gesichtspunkten untersucht. Die gefundenen Ergebnisse sind interessant. Sie führten zur völligen Umgestaltung der Lichtführung in Fabriken und Arbeitsräumen aller Art. Festgestellt wurde, dass die gute Ausleuchtung des Arbeitsplatzes allein nicht genügt, um eine möglichst hohe Leistung zu erreichen; die Leistungssteigerung trat ein, als man die Beleuchtung der Umgebung in das richtige Verhältnis zu der des Tätigkeitsfeldes setzte. Die Beleuchtung des Infeldes erfordert eine entsprechende Beleuchtung des Umfeldes, um die Adaptionsschwankungen des Auges so zu reduzieren, dass es möglichst wenig ermüdet wird. Für das Verhältnis Wandtafel zu Tafelhintergrund gelten die gleichen Voraussetzungen. Der weiße Hintergrund steigert den Schwarzeffekt der Tafel.

Ist aber der Hintergrund der Tafel in seiner Farbe dem Dunkel der Tafelfläche angepasst, fällt diese Überstrahlung weg und die Lesbarkeit der Zeichen an der Tafel wird besser, wobei das Auge des Lesenden weniger angestrengt wird, wenn es zur Tafel blickt. Die Adaptionsschwankungen fallen weg. Auch in diesem Gebiete muss das Infeld im richtigen Verhältnis zum Umfeld stehen.

In einer „Zeit der Farben" ist Schwarz für Tafelflächen an sich verpönt. Das hat seinen Grund nicht allein in der Tendenz zur Farbigkeit; auch rein psychische Argumente sind dabei nicht maßgeblich. Der Schwarz-Weiß-Kontrast scheint nach photometrischer Feststellung für das Tafelkreideverhältnis am günstigsten zu sein. Die Untersuchung der physiologischen Wirkungen der Farben führt jedoch zu anderen Ergebnissen. Die Kontrastwirkungen werden durch die Einbeziehung der Farbe gesteigert. So ist Gelb auf Schwarz kontrastwirksamer als Weiß auf Schwarz, ebenso Weiß auf Blau, Weiß auf Rot und Weiß auf Grün. Solche Erkenntnisse wurden bei der Untersuchung der Farbwirkung in der Werbung und im Straßenverkehr gefunden. Sie sind im gleichen Sinne auch auf die Wandtafel anzuwenden. Dabei ist mit zu beachten, dass jede Farbe ihre eigentümliche psychische Wirkung ausstrahlt. Die Auswirkung des Farbigen auf das bewusste und unbewusste Seelenleben ist individuell verschieden. Jede Psyche bevorzugt die ihr sympathischen Farbtöne, während andere Farben weniger geliebt oder völlig abgelehnt werden. Diese Erscheinung hängt von der seelischen Struktur der Persönlichkeit, von Temperament und Charakter ab. Schon in der Seele des Kindes sind diese Phänomene ausgeprägt vorhanden. Sie treten bei ihm zwar kaum ins Bewusstsein; aber das ändert an ihrem Vorhandensein nichts. Auch Kinder haben ihre Lieblingsfarben.

Sucht man nun für die Wandtafel einen geeigneten Farbton und legt ihn fest, dann können wohl psychische Gesichtspunkte mit in Erwägung gezogen werden, sie dürfen aber nicht allein, nicht einmal in erster Linie maßgeblich sein. Der Farbton würde immer nur für einen Teil der Betroffenen Gültigkeit haben. Bei den anderen kann er Aversion oder sogar strikte Ablehnung hervorrufen.

Und genauso wird der weiße Kreidestrich auf einer satten blauen Tafelfläche besser sichtbar als auf Schwarz, wenn schon Schwarz mehr Licht absorbiert, also physikalisch gesehen dunkler ist als Blau. Diese Phänomene sind zu beachten.

Hieraus wäre zunächst der Schluss zu ziehen, dass ein möglichst reiner und satter Farbton als Wandtafelfarbe besonders geeignet ist, denn er bildet gerade wegen seiner Farbintensität einen gesteigerten Kontrast zum Weiß der Tafelkreide. Man darf aber nicht außer acht lassen, dass nicht dem Farbton der Tafel, sondern dem Tafelanschrieb die wesentliche Bedeutung im Unterricht zukommt. Jeder intensive Farbton als Tafelgrund dringt dominierend nach vorn und bekommt eine Eigenwertigkeit, die der Tafelfläche nicht zusteht. In erster Linie muss der Tafelanschrieb leicht, klar und mühelos zu lesen sein. Diesem Zweck hat sich der Farbton der Wandtafel unterzuordnen. Er hat die beste Les- und Sichtbarkeit durch die optische Kontraststeigerung zu bewirken, dienend, nicht aber als dominierender Faktor, der sich mit Eigenwert in den Vordergrund schiebt. Eine hochrote Tafelfläche, die aggressiv in die Augen springt, kann den ihr zugedachten Zweck nicht erfüllen. Unter diesem Aspekt betrachtet erscheint Blau als Tafelfarbton eher geeignet; es hat eine hintergründige, eine saugende Wirkung. Innerhalb der spektralen Empfindlichkeitskurve nehmen die Helligkeitswerte des Grün einen breiten Raum ein. Sie beginnen beim remissionsschwachen Blaugrün und reichen im Gelbgrün bis an die Spitze der spektralen Helligkeit heran. Für die Wandtafel können also höchstens Grüntöne in Frage kommen, die zum Blaugrün hin orientiert sind, sofern man die physiologisch bedingte Kontrastwirkung zwischen Farbe und Weiß als Beurteilungsmaßstab anlegt und dabei den Farbeffekt mit in Betracht zieht.

Aus der Erfahrung mit dem grünen Tafelton und auf Grund von Versuchen mit verschiedenen farbigen Tafelgründen kann man den Schluss ziehen, dass reine gesättigte Farbtöne jeder Art, also rote, blaue, grüne und violette Töne – Gelb scheidet aus, da es zu Weiß keinen genügenden Kontrast bilden kann, auf die Dauer zu farbintensiv wirken und so Beunruhigungen hervorrufen, die in psychischen Spannungen zum Ausdruck kommen müssen. Die Tafel wird in diesem Falle zu wichtig, weil ihre Farbe zu eigenständig ist. Man muss die Farbintensität also brechen, soll die Tafelfläche angenehm in Erscheinung treten. Das Brechen dieser Töne kann nur in der Richtung nach Schwarz oder Grau geschehen, weil eine gewisse Neutralisierung des Grundes, sein Zurücktreten, das Gezeichnete und Geschriebene stärker in den Vordergrund drängt. Eine Abwandlung der Töne nach Braun hin führt in den Bereich der warmen Töne, die vordergründig wirken. Das will man aber beim Tafelgrund vermeiden. Zudem sind kühle Töne in ihrer Wirkung reiner und sauberer als bräunlich gefärbte Farben. Die Tendenz zum Grau aber geht auf Kosten des Kontrastes, das ist auf Kosten der mühelosen Lesbarkeit.

Fest steht, dass ein optimal günstiges Verhältnis zwischen Tafelgrund und Tafeldarstellung zu erreichen ist. Ein solches Verhältnis, das die geringste Ermüdung des Auges gewährleistet. Welche Farbtöne wirken sich hier am günstigsten aus? Für die Auswahl der geeigneten Farbnuancen ist auch die Helligkeit und die Beleuchtung des Schulraumes ausschlaggebend. Weiter ist der Ton des Tafelhintergrundes von Einfluss; er ist auf den Wandtafelton abzustimmen.

Mangelnde Griffigkeit der Schreibfläche ergibt mangelnden Abrieb der Kreide, die dann nur grau auf der Tafel erscheint. Dadurch verändern sich die Farbeindrücke sehr ungünstig. So bekommt zum Beispiel ein helles Gelb einen schmutzigen Grünstich, sobald die Kreide schlechter angenommen wird. Ähnliche Symptome zeigen sich bei allen weniger deckenden Farbpigmenten, besonders wenn die Töne relativ rein sind. Graue und bräunliche Töne werden in ihrer Wirkung durch den Tafelgrund weniger verändert. Die Auswahl der Farbtöne für bunte Tafelkreiden hängt auch davon ab, welche Veränderungen der Tafelgrund in der Erscheinung verschiedener Farbtöne bei Kreiden hervorruft. Je weniger sich diese Veränderungen als störend erweisen, um so besser taugt die betreffende farbige Kreide zur Verwendung an der Wandtafel. Bei manchen hellen Farbtönen wirkt sich das Durchscheinen des Tafelgrundes störend aus. Sie verschmutzen oder springen im Farbton direkt um.

Wir gehen aus den vorgebrachten Gründen von der Voraussetzung aus, dass der dunkle, farbig gefärbte Tafelton der kalten Seite des Farbspektrums aus optischen Gründen am geeignetsten ist. Dieser Tafelton bewirkt einen günstigen Kontrast zur weißen Gips-Kreide. Die Kontrastwirkung kann durch Farbzugabe zur Kreide gesteigert werden. Als Farbton kommt dafür am ehesten ein warmes rotstichiges Gelb in Frage. Wie die Erfahrung zeigt, werden solche gelben Kreiden ungern verwendet, weil ihr Farbstaub so fest an Fingern und Kleidung haftet. Es ist aber möglich, weniger anhängliche Farbpigmente und diese in geringerer Dosierung zu verwenden. Man erreicht damit einen warmen Kreideton, der sich auf der dunklen Wandtafel kontraststeigernd auswirkt. Die Lesbarkeit gegenüber Weiß wird verbessert. Man kann den Farbton als gelbliches warmes Weiß oder als aufgelichtetes Gelb bezeichnen.

Zusammenfassend kann somit gesagt werden: Der günstigste Farbton der Wandtafel ist ein dunkles, nach Schwarz gerichtetes Blau, das sich auch nach Violett oder Grün hin bewegen kann. Kompetente Optiker haben einst nach Dioptrien für Schultafeloberflächen ein Grün festgelegt, welches für das Auge des zu Schulenden am angenehmsten zu betrachten ist. Dieser Grünton hat sich schließlich für ermüdungsfreies Sehen bewährt, und wird seitdem als Standardfarbe auf Schultafeln verwendet. Es gibt natürlich auch Tafeln in Stahlemailweiß, schwarz, grau oder blau. Die Neubeschichtung einer Schultafel entspricht in etwa einem Kiefergrün. Die Oberfläche der Tafel muss so porös und körnig sein, dass ein dichter und satter Kreidestrich daran haftet. Die Forderung nach der gelben Tafelkreide ist deshalb verständlich. Sie wurde auch praktiziert. Jedoch konnte sich die gelbe Kreide nicht durchsetzen. Die Gründe hierfür sind schon genannt. Der optische Effekt im Wandtafel-Kreide-Kontrast hängt noch von einer weiteren Eigenschaft der Tafeloberfläche ab, nämlich von ihrer Oberflächenstruktur, von Härte, Körnung und Griffigkeit, auch von einer gewissen Porosität und von ihrem Matteffekt. Der Kreidestrich wird um so besser sichtbar, je dichter und gleichmäßiger er auf der Tafelfläche sitzt. Die Abriebmenge und die Haftung am Grund sind ausschlaggebend. Die Zurückstrahlung des Lichtes wird um so größer, je dichter und satter die Gips-Schicht ist. Sie bildet sich entsprechend der Körnigkeit des Schreibgrundes. Ist die Oberfläche zu fein und zu glatt, dann kann der Kreidestrich nicht genügend decken. Er steht grau, das Dunkel der Tafelfläche scheint durch. Das geht so weit, dass die Zeichen an der Tafel kaum mehr sichtbar werden. Auch Glastafeln verlieren dadurch ihre Griffigkeit und werden glatt. Zum optimalen Farbton der Tafel gehört die geeignete Körnung ebenso wie die Stabilität des Beschichtungsmaterials. Schon beim Vergleich neuer Tafeln kann man strukturelle Unterschiede feststellen, so dass die Kreidestriche von Anfang an verschieden dicht stehen, wodurch ihre Sichtbarkeit bei gleichem Farbton der Tafel differiert.

Zubehör der Schultafel

Die Kreide

Tafelkreide, Schulkreide oder Schreibkreide ist ein Material zum Beschreiben von rauen Untergründen, vorrangig Tafeln. Dabei hinterlässt sie kleine Partikel, die locker an der Tafel haften bleiben und leicht wieder abgewischt werden können. Tafelkreide ist in der Regel länglich mit einem quadratischen oder kreisförmigen Querschnitt. Kreide wird in Deutschland, Österreich und Skandinavien vor allen Dingen aus Calciumsulfat (Gips) hergestellt, weil dort die meisten Kreidegebiete geschützt sind. In Frankreich nutzt man für die so genannte Champagnerkreide das Mineral Kreide – also Calciumcarbonat. Etwa 55 Prozent der in Deutschland verkauften Kreide besteht aus Gips.

Durch Zusatz von Farbstoffen kann auch bunte Kreide hergestellt werden. Da der Kreidenstaub, der vor allem beim trockenen Abwischen der Tafel entsteht, für Allergiker störend ist, wird auch staubfreie Kreide hergestellt. Der Staub steht auch im Verdacht, Probleme mit den Atemwegen zu verursachen (z. B. Kreidestauballergie). Lehrer werden manchmal abwertend als Kreidefresser bezeichnet, obwohl die Redewendung „Er hat Kreide gefressen" eigentlich auf das Märchen „Der Wolf und die sieben jungen Geißlein" hindeutet, in dessen Verlauf der böse Wolf zwecks Einschmeichelung Kreide frisst, um seine Stimme sanfter klingen zu lassen.

Zur Herstellung viereckiger Kreiden gießt man große Blöcke, die dann auf Format geschnitten oder zersägt werden. Runde Kreiden werden einzeln in Gummiformen gegossen. Um das Beschmutzen der Finger zu verhindern, werden die Kreiden mit Papier beklebt. Diese Papierhülle ist hinderlich, weil man sie ständig entfernen muss. Auch das Anspitzen der Kreiden ist nicht notwendig; denn mit der Abnützung durch Zeichnen und Schreiben bilden sich immer wieder neue Kanten und Ecken, mit denen man sogar die feinsten Striche ziehen kann. Aus diesen Gründen ist die einfache „nackte" Kreidestange die handlichste Gebrauchsform.

Bei den bunten Wandtafelkreiden sind der Gipsmasse Farbpigmente beigemengt.

Bei Tafelkreiden sind in Verwendung z. B. natürliche Erden wie Umbra, dann Eisenhydrooxyde und Eisenoxyde wie Ocker und Oxydrot. Als Grün und Blau findet man noch Chromoxydgrün und Ultramarinblau. Das übrige Sortiment wurde früher mit organischen Farbstoffen wie Echtgelb, Echtblau, Echtrot und Echtgrün, also mit Hansagelb, Heliogenblau, Sieglechtblau, Heliogengrün und anderen pigmentierten Farbstoffen hergestellt

Im Sortiment bunter Wandtafelkreiden sind manchmal Farbtöne zu finden, welche auf kurze Entfernung schon nicht mehr klar von der Tafelfläche zu unterscheiden sind. Sie versinken optisch im Tafelgrund. Dazu gehören mittlere Grün-, Blau- und Brauntöne. Empfehlenswerte Farbtöne für den Gebrauch auf

Schultafelzubehör
Quelle: 75 Jahre PlüssStaufer Oftringen 1884-1959

der dunklen Wandtafel sind: sehr helles warmes Gelb, Orange, Hellrot, mittleres Rot, Hellviolett, helles Gelbgrün, mittleres kaltes Grün, helles Ultramarinblau, helles Heliogenblau, Hellocker, helle Umbra und helles Oxydrot.

Die erste Bedeutung:

Die Kreide, mit der in Deutschland an die Schultafeln geschrieben wird, ist zum größten Teil aus Gips, da dieser preiswerter ist und den gleichen Zweck erfüllt.

Die zweite Bedeutung:

In der Fachsprache der Geologen wird der Begriff „Tafelkreide" für eine Gesteinsschicht verwendet, aus der früher u. a. Kreide für die Schule hergestellt wurde. Heutzutage wird der Rohstoff Kreide anders genutzt, siehe Kreidenutzung. Calciumcarbonat ist die chemische Bezeichnung ($CaCO_3$)
Unsere Erde hat eine lange Geschichte. Dabei hat sie sich verändert. Die Zeit vor rund 250 Mio. Jahren wurde als Perm bezeichnet. Früher waren die Kontinente dicht beieinander. Es gab einen Großkontinent, Pangäa genannt.
Vor 200 Millionen Jahren begann der Pangäa zu zerbrechen. Im Norden und im Süden drang Wasser ein und überflutete weite Teile des heutigen Europas.
Diese Meere waren sehr flach und gaben Algen und anderen Kleinstlebewesen hervorragende Bedingungen, sich zu vermehren und zu entwickeln. Das Skelett dieser Lebewesen bestand aus einem kalkähnlichen Stoff. Abgestorbene Organismen sanken zu Boden und aus ihrem Skelett bildete sich Kreide.
In nachfolgenden Erdzeitaltern wurde die Kreideschicht gebrochen und an die Oberfläche gepresst. So schoben z. B. die Gletscher der Eiszeit die Kreide an einigen Stellen an die Oberfläche. Heute wird diese Kreide abgebaut und z. T. zu Schultafelkreide verarbeitet.
Unser Kreidevorkommen, bestehend aus Calciumcarbonat ($CaCO_3$), entstand vor 70 bis 100 Millionen Jahren – zur Zeit der Dinosaurier.
Damals waren weite Teile des heutigen Europas vom Meer bedeckt. In den küstennahen Flachgewässern bildeten sich mächtige Ablagerungen aus Schalen und Skeletten von Kleinlebewesen.
Diese Sedimente haben ihre relativ weiche Struktur erhalten, und es entstand ein natürlicher Rohstoff mit vielen Einsatzmöglichkeiten.

Eigenschaften

Kreide ist amorph, extrem fein und leicht zu verteilen. Das macht sie im industriellen Bereich zum idealen Füllstoff. Darüber hinaus eignet sich das hochreaktive Calciumcarbonat der Kreide ganz besonders zur Verwendung als Düngekalk in der Land- und Forstwirtschaft. Für die Tierernährung ist Calciumcarbonat aus Kreide ein hervorragender Calciumlieferant. Des weiteren eignet sich die hochreaktive Kreide zur Rauchgasentschwefelung und dient so dem Umweltschutz.

Kreideabbau

Kreidebrüche wurden früher mit Richtung nach Norden erschlossen. So konnte die aus dem Süden scheinende Mittagsonne die natürliche Feuchtigkeit der Kreide verringern.

Historische Ansicht des Kreidefelsen auf Rügen
Quelle: Autor

Durch das Trocknen wurde die Kreide spröde und ließ sich abschlagen.

1. Abbau und Transport der Rohkreide

Die Rohkreide wird trichterförmig aus der Wand geschlagen. Dieses Verfahren wird als Trichter-Becher-Schlitz-Schurren-Verfahren bezeichnet. Dadurch fällt die Rohkreide gezielt durch den Trichter in die direkt darunter stehende Kipplore herab.

2a. Schlämmen und erstes Reinigen (Schwerkrafttrennung)

Im Rührwerk wird die Rohkreide durch Wasserzufuhr und mit Rührrechen zerkleinert und geschlämmt. Die leichte Kreide wird in der Schwebe gehalten (=Kreidetrübe), während sich Steine und gröbere Verunreinigungen absetzten. Durch ein Fließband (Becherwerk) überwindet die Kreidetrübe (Rohtrübe) den Höhenunterschied zum nächsten Bearbeitungsschritt, dem Sieben und Trennen.

2b. Sieben und Trennen, zweite Reinigung

Die Rohtrübe fließt über Ansetzrinnen mit sehr wenig Gefälle. Dadurch ist die Fließgeschwindigkeit so gering, dass sich Verunreinigungen wie Sand und kleine Steine ablagern können.

3. Absetzen und Trocknen

Die Kreidetrübe fließt in Absetzbecken. In fünf Tagen lagern sich etwa 35 Zentimeter Kreideschlamm ab. Nach Ablassen des klaren Wasserüberstandes wird das Becken erneut mit Kreidetrübe aufgefüllt. Der Vorgang wiederholt sich drei Mal, so dass sich nach 20-25 Tagen etwa ein Meter Kreideschlamm abgesetzt hat. Dabei kommt es darauf an, wie lange die Sonne scheint und wie warm es ist. Während des Absetzens muss immer wieder die oberste trockene Schicht des Kreideschlamms durchstoßen (gekrückt) werden. So

Kreidestücke, um 1940, aus dem Schulmuseum der Volksschule Creußen
Quelle: Autor

bleibt die Verdunstung gesichert und die Kreide wird verdichtet.

Mit Spaten wird der Kreideschlamm aus den Becken geschaufelt und in Schubkarren gefüllt.

Kreideklumpen (Batzen) werden mit speziellen Spaten in die unteren Etagen des Trockenschuppens gelegt. Innerhalb von fünf Tagen verringert sich hier die Feuchtigkeit der Kreide um die Hälfte.

Nach dem Vortrocknen folgt das Umformen. Die Batzen werden hochkant auf Roste gestapelt. Innerhalb von 20 Tagen verringert Sonne und Wind die Feuchtigkeit der Kreide auf fünf Prozent.

4. Zerkleinern und Verpacken

Ein Brecher mit zwei gegenläufigen Stachelwalzen zerkleinert die getrockneten Batzen. In einer Schneckenführung erfolgt die weitere Zerkleinerung und der Weitertransport. Anschließend wird die Kreide in Holzfässern oder Papiertüten verpackt.

Schwamm und Lappen zur Reinigung der Tafel

Pflege der Arbeitsmittel

Die Tafel wird in der Regel mit Wasser und Schwamm gereinigt. Damit nach dem Abwischen keine „Wolken" entstehen, ist darauf zu achten, dass der Schwamm stets sauber ist, das heißt kein kreidiges Wasser enthält. Daher muss der Schwamm oft mit sauberen Wasser gespült werden.

Der Schwamm wird stets von oben nach unten geführt, dabei jedes Mal gewendet. Anschließend wird die nasse Tafelfläche in der gleichen Weise nochmals mit dem stark ausgedrückten Schwamm nachgewischt und dabei der größte Teil des stehen gebliebenen Wasser weggenommen. Dann wird das Wasser aufgenommen, welches sich auf dem Auffangbrett angesammelt hat.

Das Reinigen der Ecken und der Tafelleisten wird im Anschluss getätigt. Soll die Tafel nach dem Säubern gleich wieder benutzt werden, muss sie vorher mit dem trockenen und sauberen Tafellappen nachgetrocknet werden. Andernfalls kann man die Tafel von selbst trocknen lassen.

Oft wird die Tafel aus Bequemlichkeit oder Zeitmangel nur mit dem trockenen Lappen abgewischt. Die Folgen bleiben nicht aus. Einmal wird dadurch viel Kreidestaub in die Luft gewirbelt, was durchaus nicht hygienisch ist. Zum anderen haftet im Gewebe des Lappens sehr viel Kreidestaub, der sich sofort auf-

Kreidekasten, Schulmuseum Köditz
Quelle: Autor

löst, wenn wir mit dem Lappen eine feuchte Tafel trocknen. Es entstehen wieder die bekannten Wolken, das Schwarz/Grün der Tafel wird zum abscheulichen Grau. Das Wegwischen mit dem trockenen Lappen sollte die Ausnahme sein, z. B. beim Entfernen einer misslungenen Stelle.

Damit sich nicht zuviel Kreidestaub im Lappen ansammelt, schütteln wir ihn öfters im Freien aus und spülen ihn von Zeit zu Zeit gründlich durch.

Für Spezialtafeln wie z. B. Glastafeln gelten besondere Anweisungen.

Des weiteren gilt es noch zu beachten, dass niemals mit feuchter Kreide oder auf feuchter Tafel geschrieben oder gezeichnet wird. Die Kreide wird stets trocken gehalten und in einem Kreidekästchen aufbewahrt.

Schwamm und Lappen sollten ihren bestimmten Platz haben. Für den Schwamm bringt man am Unterbrett der Tafel vorteilhaft eine Blech- oder Kunststoffschale an. Den Lappen hängt man am besten auf. Falsch wäre es, den Lappen einfach auf das Brett zu legen, da sich dort immer Kreidestaub und auch Feuchtigkeit ansammeln. Auch darf man den Lappen nicht in den Kreidekasten legen, da er darin zu dem „Puderlappen" wird, mit dem wir später die Tafel verschmieren.

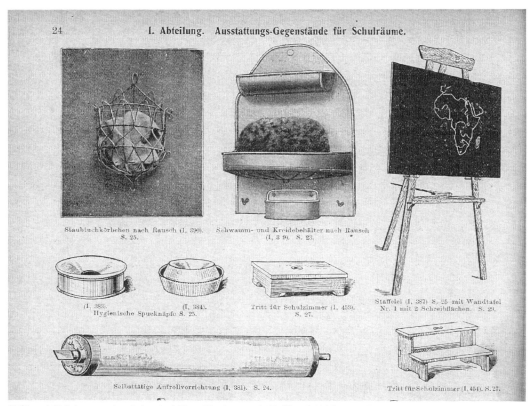

Tafel und Zubehör aus dem Lehrmittel-Netto-Katalog 1914, Koehler & Volckmar AG
Quelle: Autor

Weiteres Zubehör

Winkelmesser

Die Aufgabe eines Winkelmessers besteht darin, möglichst exaktes Konstruieren auf einer Schultafel zu ermöglichen. Winkel können gezeichnet werden und auch gemessen werden. Des weiteren dient er zur Veranschaulichung der Technik des Messens von Winkeln und der Konstruktion geometrischer Figuren und seiner Hilfe für den Schüler, der diese im Heft nachvollzieht.

Zeigestock / Rohrstock

Ein Rohrstock oder auch Bakel (lat. baculum = Stock, Stab) ist ein Schlagstock aus einer pseudo-verholzenden Pflanze, der im Vergleich zu einem Stock aus normalem Holz ein geringeres Gewicht aufweist und teilweise außerdem wesentlich elastischer ist. Das Material kann zum Beispiel Schilf, Bambus oder Rattan sein. Schilfrohr ist sehr leicht und zerbrechlich. Bambusrohr hat eine hohe Biegefestigkeit und Verwitterungsbeständigkeit und wird daher in der Gärtnerei gerne als Wuchshilfe zum Anbinden von Pflanzen verwendet, splittert jedoch ebenfalls leicht. Rohrstöcke aus Rattan, im Deutschen auch Peddigrohr oder spanisches Rohr genannt, sind dagegen – trotz ihres Namens – innen nicht hohl, sondern aus einem schwammigen Holz und weisen eine von keinem anderen Holz erreichte Biegsamkeit auf.

Dickes Rattan eignet sich zum Bau von Möbelstücken und als Gehstock. Dünne Rattanstäbe sind dagegen flexibel und eignen sich als Züchtigungsinstrument. Der Rohrstock aus Rattan ist dafür bekannt, dass Hiebe mit ihm sehr schmerzhaft sind und charakteristische rote Striemen hinterlassen können.

Als Rattan-Rohrstöcke im 19. Jahrhundert nach Europa importiert wurden, gewannen sie nicht zuletzt wegen dieser Eigenschaft sehr rasch an großer Beliebtheit. An den europäischen Schulen verdrängten sie sehr schnell die bis dahin üblichen Birkenruten. Außer zur Züchtigung eigneten sie sich auch gut als Zeigestock. Somit war ihr Gebrauch im Klassenzimmer noch weit bis ins 20. Jahrhundert verbreitet.

Heute wird der Rohrstock (Englisch: cane) in einigen Ländern Süd- und Südostasiens (z. B. Indien, Malaysia, Singapur) noch immer in der Kindererziehung im häuslichen und schulischen Bereich, aber auch als juristische Körperstrafe bei Erwachsenen verwendet.

Trotz seiner seltenen Anwendung in heutiger Zeit als Erziehungshelfer ist der Rohrstock nach wie vor ein Symbol für Körperstrafen. Laut dem Bundesministerium für Familie, Senioren, Frauen und Jugend gaben im Jahr 2002 5% der befragten deutschen Jugendlichen an, von den Eltern schon einmal mit dem Stock geschlagen worden zu sein; davon waren mehrheitlich Jungen betroffen. Da die körperliche Züchtigung in Deutschland verboten ist, kündigte das Ministerium eine umfassendere Vorgehensweise gegen die Zustände an.

Im deutschsprachigen Raum (hauptsächlich Deutschland, Österreich, Liechtenstein

und Schweiz) gab und gibt es verschiedene umgangssprachliche Bezeichnungen für den Rohrstock, wie „Gelber Onkel", „Flitschi" oder „Stabl".
Als Strafmethode in der Kindererziehung waren Körperstrafen in (nicht immer) abgemilderter Form das wohl beliebteste Erziehungsmittel bis in die 70er-Jahre des 20. Jahrhunderts. Diese Körperstrafen wurden in der Regel mit der flachen Hand, einem Lederriemen, Ausklopfer oder dünnen Rohrstock auf den Po des Kindes oder Jugendlichen vollzogen. Im Schulmilieu wurden Strafen außer auf den Hosenboden oft auch auf die ausgestreckte Hand des Kindes gegeben (so genannte „Tatzen"); in der Schule kamen dabei früher die Rute, später der Rohrstock und vor allem von Lehrerinnen auch das Lineal zum Einsatz. Andere häufig gebrauchte Körperstrafen waren die Ohrfeige, die Kopfnuss, das Ziehen an den Haaren oder Ohren oder das Knienlassen des Kindes auf einem dreikantigen Holzscheit.
Als Hilfsmittel im Unterricht bewährt sich der Zeigestock weiterhin. Durch ihn lassen sich einfach und schnell Inhalte zeigen und den Blick des Betrachters leiten.

Zirkel

Der Zirkel (althochdeutsch: circil, von lat.: circulus „Kreisbahn") ist ein in der ebenen Euklidischen Geometrie verwendetes Gerät, das einen Kreis um einen gegebenen Punkt zieht.
In der Antike war der Zirkel neben dem Lineal das einzig erlaubte Hilfsmittel zur Konstruktion geometrischer Objekte (siehe auch „Klassische Probleme der antiken Mathematik"), da ihnen gedanklich die platonischen Ideale Kreis und Gerade zugrunde lagen.
Ein Zirkel besteht aus zwei gleichlangen üblicherweise metallenen Stäben, die jeweils an einem Ende gelenkig verbunden sind. Einer der Stäbe hat an seinem anderen Ende eine Spitze (Nadel), die zur Fixierung des Zirkels auf der Unterlage dient. Mit dem Fixieren wird der Kreismittelpunkt fest gelegt, mit dem Abstand des zweiten Schenkels zum ersten der Radius.
Am Ende des zweiten, beweglichen Stabes befindet sich in der Regel eine Vorrichtung, mit der der Kreis oder Kreisabschnitt auf der Unterlage gezeichnet wird. Zum Zeichnen werden abhängig vom Untergrund verschiedene Vorrichtungen angewendet. Auf Papier wird eine Bleistiftmine (in der Schule) oder eine Vorrichtung für Tusche (Technische Zeichnungen) auf Pergament verwendet. Für Darstellungen von Kreisen auf anderen Materialien, beispielsweise Leder, wird Kreide verwendet. Auf metallenen Oberflächen kommt eine Reißnadel zum Einsatz.
Zwischen beiden Schenkeln kann eine Einrichtung zum Feststellen des Abstandes vorhanden sein. Die einfachste und ungenaueste Realisierung ist eine Gewindestange mit einer mittig vorhandenen Rändelschraube. Genauere Zirkel enthalten am eingestochenen, fest stehenden Schenkel eine Millimeterteilung oder einen Nonius. Der genaue Abstand zwischen den Schenkelspitzen wird am beweglichem Schenkel abgelesen.
Heute wird im Schulunterricht neben dem Zirkel und Lineal auch das Geodreieck und Dynamische

Geometrie-Software benutzt.

Eine weitere Variante des Zirkels, mit der man nicht zeichnen, sondern nur Längen abgreifen kann, ist der Stechzirkel. Er wird beispielsweise in der Seefahrt bei der Navigation nach Karten verwendet. Zum Zeichnen extrem kleiner Kreise bis zu einem Durchmesser von etwa einem Millimeter dienen Fallnullenzirkel.

Ein einfacher Zirkel lässt sich aus einem Nagel oder Nadel zum Festlegen des Mittelpunkts, eines Fadens oder Schnur zur Bestimmung des Radius und eines Stiftes zum Zeichnen konstruieren. Die Enden des Fadens / der Schnur werden um Stift und Nagel gewickelt, der passende Radius muss durch Probieren mittels Aufwickeln ermittelt werden.

Lineale

Ein Lineal (andere Bezeichnungen sind Maßstab, Dreikantmaßstab und Kantel) ist ein Hilfsmittel zum Zeichnen von Linien, insbesondere gerader Linien (Strecken), es gibt aber auch Kurvenlineale z. B. für Parabeln (Parabelschablone).

Während frühe Lineale lediglich eine gerade Kante hatten, haben moderne Lineale meist auch eine Skala, mit der sich Längen messen lassen. Häufig werden auch auf beiden Seiten Skalen aufgebracht, teilweise in unterschiedlichen Maßeinheiten. Die Länge der Lineale kann sehr verschieden sein, Schüler benutzen meist Lineale aus Plastik (10-30cm), in Betrieb und in der Werkstatt sind Lineale bis 100cm nicht ungewöhnlich, im Maschinenbau sind auch Lineale bis 200cm anzutreffen. Für genauere geometrische Konstruktionen und Zeichnungen in Schule und Ausbildung werden meist durchsichtige Kunststofflineale verwendet, da diese ein genaueres Ziehen einer Linie ermöglichen. Das Material ermöglicht auch unter dem Lineal liegende Blattbereiche und Markierungen während des Zeichnens zu sehen. Das ist ein großer Vorteil gegenüber Linealen aus Holz oder Metall, der gerade beim technischen Zeichnen zum Tragen kommt. Bei Linealen zum Zeichnen sind meist auch kleine Noppen an der Unterseite angebracht, die verhindern sollen, dass Tusche oder Tinte unter das Lineal läuft.

Das Zeichnen der Linie erfolgt, indem das Lineal entsprechend an bestimmte Punkte der Zeichenfläche angelegt wird, und dann mit dem Stift die Kante des Lineals abgefahren wird. Und dadurch wird die Form der Kante als Linie auf das Papier übertragen.

Frühe Lineale hatten keine Skalierung, aber eine definierte Länge (z.B. Pachys in Griechenland).

Früher wurden Lineale auch insbesondere in der Schule als Züchtigungsinstrumente eingesetzt. Dabei wurde zumeist mit einem Holzlineal auf die Handflächen (so genannte Tatzen) oder Oberschenkel, seltener auf das Gesäß oder die Handrücken, geschlagen.

Winkeldreieck

Mit Hilfe dieser Dreiecke die in verschiedenen Formen verwendet wurden, können auf der Tafel ohne aufwändiges Messen mit dem Winkelmesser standardisierte Winkel und Objekte (z.B. Diagramme) gezeichnet werden.

Alle Flächen (8 bzw. 10 qm) sind durch Anordnung der Drehbarkeit um einen senkrechten Bolzen schreibbenutzbar.

Bei Ausführung A ist durch Aufklappen der beiderseitigen Tafelhälften die Möglichkeit einer 4 qm großen Ansichtsfläche gegeben, die für einige Unterrichtsfächer (Erdkunde, Geschichte usw.) zur Anfertigung von Skizzen unerläßlich ist (Abb. 1). Die Anbringung der zur Vergrößerung der Tafel dienenden aufklappbaren Flächen an die inneren, drehbaren Tafeln, geschieht mittels durchgehender Scharnierbänder, sogen. Klavierbänder, die ins Holz eingelassen werden, wodurch ein Aushängen der Tafeln oder vorzeitiges Lockerwerden, wie beispielsweise bei kurzen Scharnierbändern, vermieden wird.

Die ganze Tafel ist bis auf einen qm zusammenlegbar, so daß Aufzeichnungen, welche für spätere Unterrichtsstunden erhalten bleiben sollen, durch derartiges Einklappen geschont werden können (Abb. 2). Denselben Vorteil bietet System B. (Tafel in Buchform), die wegen der großen Menge an Schreibflächen und gleichzeitiger Raumersparnis dort zu empfehlen ist, wo Tafel A wegen Raummangels nicht anzubringen ist (Abb. 3). Jede Tafel wird mit einer in der Höhe verstellbaren Karten- und Bilderaufhängevorrichtung geliefert.

Ausführung A.
8 Schreibflächen, 4 Tafeln 100×100 cm, 400 cm größte Breite . . . . (99)
6 Schreibflächen, 3 Tafeln 100×100 cm, 300 cm größte Breite . . . . (101)

Ausführung B.
10 Schreibflächen, 5 Tafeln 100×100 cm . (103)
„ „ 100×150 cm . (105)
„ „ 90×120 cm . (107)
8 Schreibflächen, 4 Tafeln 100×100 cm . (109)
„ „ 100×150 cm . (111)
„ „ 90×120 cm . (113)
6 Schreibflächen, 3 Tafeln 100×100 cm . (115)
„ „ 100×150 cm . (117)
„ „ 90×120 cm . (119)

C. Wandtafel-Zubehör.

Staffeleien, kräft. Konstruktion, hell las. (Abb. S. 18)
für kleinere Tafeln 180 cm hoch . . . . . (121)
für größere Tafeln 200 cm hoch . . . . . (123)
Schropps Schwamm- und Kreidebehälter, Buchenholz, ff. mattiert und gezinkt, mit herausnehmbarer Zinkblecheinlage . . . . (125)
— aus starkem verzinnten Draht (Abb. S. 18) (124)
— von starkem, feuerverzinktem Eisenblech . (127)
(Abb. S. 16)
Schulwandtafelschwamm, groß, gute Qualität . (129)
Tafelwischer „Rekord" D.R.G.M. Eine praktischer, einfacher Apparat und mit ihm eine hygienische Reinigungsmethode! (Abb. S. 20) . . . . . (131)

Die mit „Rekord" behandelte Tafel ist nicht mehr grau und wolkig, sondern tiefschwarz und sauber, sofort lufttrocken und schreibfertig. Auf die untere Fläche des „Rekord"-Holzes wird eine Schwammmasse von 2–3 großen Tafelschwämmen in stark gepreßtem Zustand absolut wasserunlöslich aufgezogen. Der Schwammbelag besitzt daher große Saugfähigkeit und gewährleistet infolge seiner gepreßten und gebundenen Form außerordentliche Haltbarkeit. Während der gewöhnliche Tafelschwamm durch das Gewicht des aufgesaugten Wassers und durch das häufige Ausdrücken leicht reißt und sodann bekanntlich rasch in Stücke zerfällt, kann beim „Rekord" nur eine natürliche Abnützung durch Abreiben auf der Tafel erfolgen. Der „Rekord" weist daher bei sachgemäßer Behandlung eine jahrelange Lebensdauer auf, wodurch die Verwendung des Apparates, ganz abgesehen von den großen Vorzügen seines raschen, sauberen und gründlichen Arbeitens sowie des Wegfalls des Lappens mit seiner unhygienischen Staubentwicklung, die zudem billiger gestaltet, als der seither verwendete Schwamm.

Kreide, Alabasterschulkreide, weiß, mit Papier und gespitzt, sandfrei (12 Stück in Karton) . (133)
— farbig, in 12 Farben sortiert, giftfrei, in leuchtenden Farbtönen, pro Karton (12 Stück) . . (135)
Wandtafel-Zirkel, m. prakt. Kreideklemme (Abb. S. 18)
50 cm lang, ohne Bogen . . . . (137)
50 cm lang, mit Messingbogen . . . . . . (139)
50 cm lang, mit graduiertem Messingbogen (141)
50 cm lang, mit graduiertem Messingbogen und Zirkelfuß „Klette" (zum Schutz d. Tafelfläche) (143)
(Abb. S. 18)
Zirkelschuh, aus Gummi . . . . (145)
Zirkelfuß „Klette", z Anbr. a. j. Zirkel (Abb. S. 18) (147)

Wandtafel-Lineal, Buchenholz.
100 cm lang, mit Griff (Abb. S. 18) . . . . (149)
125 cm lang, mit Griff . . . . (151)
150 cm lang, mit Griff . . . . (153)
mit farbiger Einteilung, 100 cm lang, mit Griff (155)
Wandtafel-Reißschiene, Buchenholz.
100 cm lang, mit Griff . . . . (157)
125 cm lang, mit Griff . . . . (159)
150 cm lang, mit Griff . . . . (161)
Wandtafel-Winkel, Buchenholz.
45° Hypotenuse, 50 cm, mit Griff (Abb. S. 18) (163)
45° Hypotenuse, 60 cm, mit Griff . . . . . (165)
60° lg. Kathete, 50 cm lg., m. Griff (Abb. S. 18) (167)
60° lange Kathete, 60 cm lang, mit Griff . . (169)
Wandtafel-Transporteur, 40 cm lang . . . (171)
50 cm lang (Abb. S. 18) (173)
Meterstab, Buche hell poliert mit cm- und mm-Einteilung (Abb. S. 18) . . . . . . (175)
— bunt bemalt, mit cm- und mm-Einteilung . (177)
Zeigestock, 150 cm lg., Buche, mit Gummikappe (179)
— ohne Gummikappe . . . . (180)
— Bambus, mit Gummikappe (Abb. S. 20) . (181)
Schultafellack, beste Qualität, per kg . . . . (183)
Liniaturen, werden in jedem Schema, jeder Farbe, genau nach Angabe ausgeführt, per lfd. Meter (185)
Linierapparat „Rolli". (Abb. S. 20)

Auf einem Messingstab von 42 cm Länge sind 8 oder 10 Kreidehalter verstellbar und abnehmbar angebracht. Zur leichteren Führung sind 2 Rollen angereiht, die an den Stabenden ihren Platz haben. Die Kreide wird etwa 4 mm stark; ihre Zerbrechlichkeit wird durch geschützte Lagerung geringer als die übliche. Der Apparat wird an einem Handgriff gehalten. Das Gerät hat ein geringes Gewicht und ist leicht zu handhaben. Wegen seiner großen Haltbarkeit und unbegrenzten Lebensdauer ist nur eine einmalige Anschaffung erforderlich.

Ausf. I. 10 linig mit 2 Sätzen Kreide . . (187)
Ausf. II. 8 linig mit 2 Sätzen Kreide . . (189)

D. Sonstiges Inventar.

Aufhängevorrichtung, für Bilder und Karten . (217)
Dieser Apparat wird an der Decke befestigt und ist für Klassenzimmer mit beschränktem Raum sehr zu empfehlen. Das Hoch- und Niederziehen geschieht mit größter Leichtigkeit (Abb. S. 20).
Bilderhaken, zum Aufstecken auf den Wandtafelrahmen, zum Aufhängen von Bildern jeglicher Aufzugsart . . . . (219)
Bilderklemmleiste, mit Filzeinlage und Haken zum Aufhängen a. d. Tafel, 100 cm lg. (Abb. S. 20) (221)
Kartenaufbewahrungsgestell, freistehend, auf starker Eisenplatte drehbar. Raum für 30 große und kleine Karten (Abb. S. 20) . . . . (223)
Kartenaufroller „Praktikus". Der einfache Apparat wird am unteren Stab der Karte eingeklemmt, ein schief. Aufrollen d. Karte nicht mehr möglich (225) (Abb. S. 20)
Kartengestell, freistehend, Ausf. I., Doppelständer, eis. Tragarme, Oesenhaken und Titelschilder, für 80 Karten jeglicher Größe . . . . (227)
— Ausf. II. Doppelständer, mit Verbindungskreuz zum Eng- und Schrägstellen, sonst wie Ausf. I., für 80 Karten jeglicher Größe . . . . . . (229)
Kartengestell „Saxonia", für 16 Karten, Klappengestell zweireihig, D.R.G.M. (Abb. S. 20) . (231)
Die Karten sind schnell zu finden, wozu die in der Mitte befindliche Tafel, sowie die an jedem Abteil hängenden Nummern dienen. Bei Unterbringung vieler Karten können mehrere Gestelle neben- oder hintereinander, wie der Raum es gestattet, gestellt werden. Das Gestell ist in der Höhe verstellbar, so daß es auch für kleinere Karten Verwendung finden kann.
Kartenlager, an die Wand anzubringen. Eis. Tragarme. Modell III b. für 40 Karten (Abb. S. 20) (233)
— die gleiche Ausführung, nur für 20 Karten (Modell IV) . . . . (235)

Angebote aus Schropp's Lehrmittel-Wegweiser, 1928
Quelle: Autor

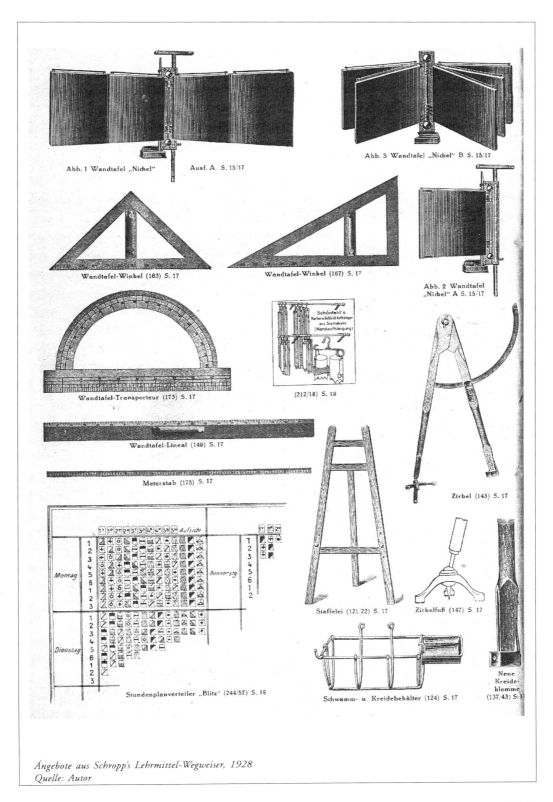

Angebote aus Schropp's Lehrmittel-Wegweiser, 1928
Quelle: Autor

Außerdem können mit den Dreiecken deren verschiedene Formen (spitzwinkelig, rechtwinkelig) modellhaft veranschaulicht werden.

Schwammkörbe

Schwammkörbe dienten der Ablage des Tafelschwammes. Diese Körbe bestanden zumeist aus Kunststoff oder einem Metall. Oftmals war dieser an der Tafel befestigt. Vereinzelt gab es auch freistehende Schwammkörbe die oftmals über einen Wasserbehälter verfügten, in dem der Schwamm zur weiteren Verwendung befeuchtet werden konnte.

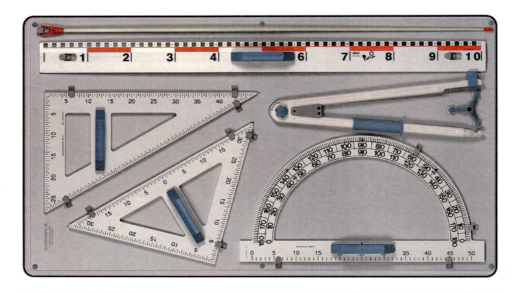

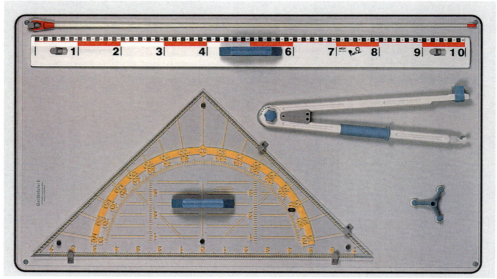

Tafelzubehör
Quelle: Autor

Die Zukunft der Schultafel

Da eine Schiefertafel in der Größe einer Schultafel schon immer einen beachtlichen Preis hatte, wurde auch auf diesem Gebiet bereits seit langer Zeit geforscht und entwickelt. So entstanden anfangs Tafeln aus Holz, die mit dunkler, matter Farbe bestrichen wurden und später Tafeln aus Glas oder Kunststoff. Die „moderne" Art der Tafel ist jedoch aus Stahlemaille – genauer gesagt aus emaillierten Stahlblechen. Diese Art der Tafel ist eine der, wenn nicht sogar die strapazierfähigste Tafelart überhaupt, denn sie ist in keinerlei Hinsicht anfällig für Beschädigungen oder ähnliches. Sie ist die in Schulen und Universitäten beliebteste Tafelart und wird alternativ nur durch so genannte Whiteboards oder Flipcharts ergänzt bzw. ersetzt.

Das Whiteboard (weiße Tafel) besitzt ebenfalls eine glatte Tafelfläche aus weißem Kunststoff oder weiß emailliertem Stahlblech. Diese Tafeln werden nicht wie herkömmlich mit Kreide, sondern mit speziellen Whiteboard-Markern (eine Art Filzstifte) beschrieben. Das Geschriebene kann dann, ähnlich wie die Tafelkreide, einfach abgewischt werden.

Das Flipchart ist eine Art Tafel, die speziell als Hilfe für Präsentationen konzipiert ist. Es ist aufgebaut wie eine Staffelei, an der ein großer Papierblock befestigt ist. Im Gegensatz zum Whiteboard kann das Geschriebene hier jedoch nicht gelöscht werden. Wenn die „Seite" voll ist, wird einfach umgeblättert oder die Seite abgerissen und ein neues Blatt wird beschrieben. Das Flipchart kann aber nicht als eine Weiterentwicklung der Tafel gewertet werden, sondern soll vielmehr eine praktische Ergänzung darstellen.

Eine Weiterentwicklung des Whiteboards existiert hingegen schon. Dieses so genannte „Interaktive Whiteboard" oder auch die „Interaktive Tafel" ist eine Art berührungsempfindlicher Bildschirm, der gemeinsam mit Laptop, PC, Beamer und speziellen Schreibgeräten kombiniert, den Einstieg in das multimediale Zeitalter der Tafel darstellt.

Einem weiteren Fortschritt und der Entwicklung der Tafel sind keine Grenzen gesetzt, wobei die Richtung klar zu sein scheint: das Multimediale wird immer mehr Zuspruch finden und die „althergebrachte" Tafel langsam aber sicher verdrängen. Momentan jedoch ist der Zeitpunkt dieses Umbruchs noch nicht genau zu datieren, allerdings wird der stetige technische Fortschritt ihn sicher recht schnell vorantreiben. So lässt die rasante Entwicklung, zum Beispiel der Lasertechnik, die zukünftigen Möglichkeiten nur erahnen.

Wird die Schultafel abgeschafft?

Seit der Geburtsstunde der Schultafel vor etwa 200 Jahren erlebte diese sehr viele Wandlungen. Diese Wandlungen spiegelten sich nicht nur in der Form der Konstruktion, sondern auch in der Größe und der Art des verwendeten Materials wieder. Ihre Funktion blieb gleich. Trotz ihrer vergleichsweise einfachen Technik kann sie sich gut gegenüber neueren Entwicklungen wie z. B. der Interaktiven Tafel behaupten.

Ein Vorteil gegenüber diesen Neuerungen ist die einfache Handhabung und eine Funktionalität, die durch jahrzehntelange Evolution genau auf den Gegebenheiten und Anforderungen des heutigen Unterrichts angepasst wurde.

An der „mechanischen" Tafel lässt sich technisch nichts mehr verändern. Nichts Neues kann mehr entdeckt werden. Der mechanische Teil der Tafel ist abgeschlossen. Kann der Mensch nichts mehr verändern oder umbauen bzw. verbessern, dann hat er kein Interesse mehr an der Sache, sie ist abgeschlossen.

Erst ein weit reichender Wandel der Unterrichtsform könnte die Erfolgsgeschichte der Schultafel beenden. Zum jetzigen Zeitpunkt ist dies noch nicht zu erkennen. Die Unterrichtsform hat sich in den letzten Jahren kaum verändert – der Frontalunterricht herrscht weiter vor, Interaktivität im Unterricht findet nur begrenzt statt und die nötige Ausbildung des Lehrpersonals wird schwach voran getrieben.

Aber Fortschritte sind auch dort zu erkennen. Insbesondere an Universitäten, Fachhochschulen und an Berufsschulen mit Medienhintergrund finden neuere Präsentationsmedien wie z. B. der Beamer oder die Interaktive Tafel mehr Verbreitung und Verwendung. Dies hat verschiedene Gründe, zum einen im Streben um die effektivste und modernste Ausbildung, zum anderen in der Abhandlung von Lerninhalten, die eine technische Unterstützung, hinsichtlich der Präsentation, sinnvoll erscheinen lassen. Oftmals müssen multimediale Inhalte dargestellt werden – mit Hilfe einer Schultafel ist dies nicht möglich – um Lerninhalte verständlich zu machen. Zuvor vorbereitete Informationen lassen sich so schnell dem Schüler darbieten. Des weiteren lässt sich dieser Lerninhalt in weiteren Stunden exakt wieder abbilden. Das abermalige Anfertigen eines Tafelbildes entfällt.

An der interaktiven Tafel stehen noch viele Möglichkeiten der Verbesserung offen wie z. B. des Boards, außerdem in der Softwareentwicklung und der Beamerpositionierung. Darin wird der Mensch seinem Entwicklungs- und Forschungsdrang gerecht und wird so den Fortschritt weiter betreiben.

Abschließend ziehe ich den Schluss, dass weiterhin eine Koexistenz der Schultafel und Präsentationsmedien, wie dem Beamer und der Interaktiven Tafel, bestehen bleibt, aber letztendlich die Schultafel abgelöst wird. Wann das geschehen wird, lässt sich derzeit nicht erkennen.

„Eine Tafel kommt, eine andere geht und eine weitere hat sich durchgesetzt." (Schultafelevolution)

Bildschirm als Tafel, Celle didacta 2006
Quelle: Autor

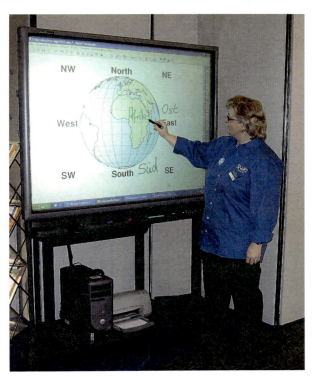

„Tafel" mit Touchscreen, Celle didacta 2006
Quelle: Autor

Doppelschiebetafel mit Beamer, didacta 2007
Quelle: Autor

Doppelschiebetafel mit Beamer, didacta 2007
Quelle: Autor

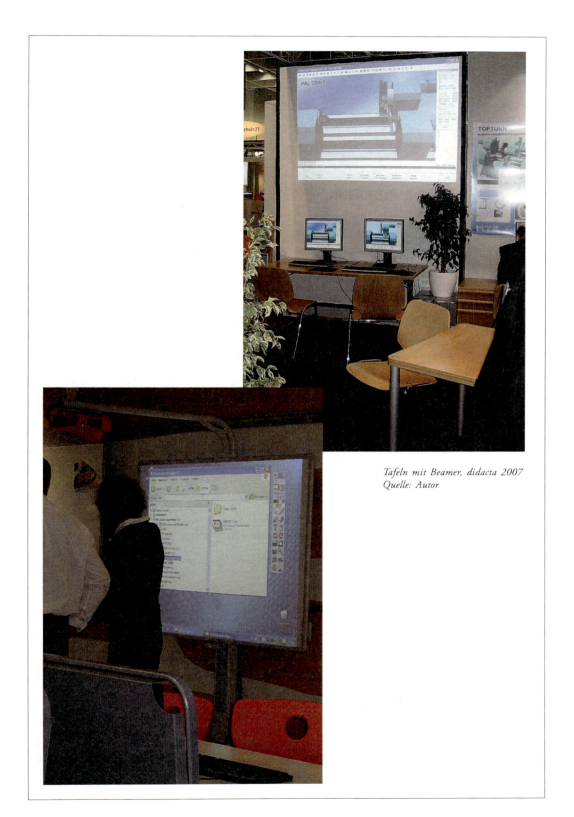

Tafeln mit Beamer, didacta 2007
Quelle: Autor

Bildschirm als Tafel, didacta 2007
Quelle: Autor

Schultafeln als Motiv auf historischen Postkarten

Ihr müßt die Ohren fpitzen
und in der Schule artig sein!
Wer nicht beizeiten lernen will,
der kommt am Ende da hinein.

Das Strafgericht. Nach dem Ölgemälde von Carl Schloesser.

Bogdanoff-Bielsky „An der Schultür - At the school door"
Musee Alexandre

Literaturverzeichnis

1 Auch Du kannst zeichnen, Band 8, Steidl, Hans, Eine praktische Anleitung für Lehrer, Dr. K. Krieger Vlg., Koblenz 1961
2 WEYEL KG Fa. Weyel, Haiger 1924-1974, Vom Wandergewerbe zum modernen Industriebetrieb, Haiger, Weyel 1974 Festschrift, Schuleinrichtungs-Branche
3 Wandtafelzeichnen, Schendler, Rudolf, Halle (Saale), Carl Marhold, 1949
4 Wandtafelzeichnen Schürer, Ernst und Willi Richter, Volk und Wissen Volkseigener Verlag, Berlin, 1957
5 Wandtafelzeichnen in der Volksschule Breitinger, Eugen Oscar + Johannes Seipp Eine Arbeitshilfe für die Lehrerbildung und die Sc Luchterhand Vlg. Berlin. Neuwied. 1966
6 Catalogue du Materiel d'Enseignement Pichlers Witwe & Sohn A.Pichler veuve et fis, Viienne (Autriche) 1929 Pichlers Witwe & Sohn (Hrsg.), 1.Auflage, 1929 Lehrmittel-Katalog in französischer Sprache
7 Kleiner Lehrmittel-Katalog - Illustr. Verzeichnis Pichler die bewährten Lehrmittel sämtl. Unterrichtsfächer Pichler (Hrsg.), 1.Auflage
8 Schulmöbel-Katalog SKUS Staatl. Kontor f. Unterrichtsmittel u. Schulmöbel, Leipzig 1975
9 Die Lehrmittelsammlung der Volksschule Schlauer Gustav / Leichner Julius, Wien, Pichler Verlag, 1906
10 Methodik des Unterrichts in dr Heimat- u. Erdkunde Meil Wilhelm, Braunschweig, Westermann Verlag, 1930
11 Schulwart Koehler & Volkmar u. Koch, Neff & Oettinger & Co. Lehrmittelführer für das gesamte Schulwesen ohne Verlagsangabe, Ausgabe September 1951, Ausgabe 1951
12 Schulwart, Lehrmittelführer für das gesamte Schulwesen ohne Verlagsangabe, 1959, Ausgabe 1959
13 Lehrmittel-Netto-Katalog Volckmar, F., Staackmann, Albert Koch & Co. Leipzig, Berlin, Stuttgart Leipzig, Berlin, Stuttgart, Ausgabe 1914
14 Schulwart Koehler & Volkmar AG. & Co. Leipzig. Hauptkatalog Lehrmittelwerkstätten Leipzig, ca. 1928/1930, um 1928
15 Deutscher Lehrmittelberater, Schlüchtern, DLV, Deutscher Lehrmittelverband, 1963
16 Deutscher Lehrmittelberater DLV, Deutscher Lehrmittelverband e.V. Ein Nachschlagewerk für die Schule Braunschweig, Westermann, 1972
17 Jäger, Oscar & Co. Schuleinrichtungen, Schul-, Wand-, Gestell-Tafeln Wurzen i. Sachsen. (1926) Hauptpreisliste 1926
18 Wttbg.: Hohenloher Schulbankfabrik J.Kottmann Erste u. alleinige Schulbankfabrik in Württemberg Oehringen (1906)
19 Ältestes Lackier- u. Liniergeschäft v. Rheinland, Schulte, Karl, Düren/Rhld., Schulwandtafeln aller Art, Düren 1927
20 Der moderne Schulsaal Zschocke-Werke AG Handbuch über Schulmöbel Kaiserslautern 1912 Firmenschrift
21 Schulmöbel-Spezialkatalog Meyers Schulbank- und Schulmöbelfabrik, Hagen/Westf. um 1920/40
22 Volksschulkunde Mehliß, Hermann 1. Teil: Die äußeren Verhältnisse der Volksschule Hannover Meyer 1882 Werk über Klassenzimmer-Einrichtung, Tafeln usw.
23 Bilderatlas zur Schul- und Erziehungsgeschichte Alt, Robert 2 Bde. Bln, Volk und Wissen 1966
24 Schropp'sche Lehrmittel-Wegweiser Max Schmidt, Schropp'sche Lehrmittel-Handlung, 1928
25 Comment Meubler son Ecole. Nathan Fernand Editeur-Fabricant, Paris (um 1930) Mobilier Scolaire Moderne.
26 Das Klassenzimmer Müller, Thomas Schulmöbel im 20. Jahrhundert München 1998
27 Praktisches Handbuch für Schuleirichtungen Saarländische Schulmöbel-Fabrik Julius Purper Verkaufsprospekt für Schultafeln, Schulbänke usw. Neunkirchen um 1926
28 Amerik. School Furniture Leyden & van Beest Eenige Importeurs voor Europa, Rotterdam 1906
29 Musterbuch für Möbeltischler j. Engelhorn, Stuttgart, J. Engelhorn, ca. 1881
30 Das neue Schulhaus, Vorschläge zur baul. Gestaltung u. in. Ausstattung Lpzg, Verlag der Leipziger Lehrerzeitung 1930
31 Die Winkelschule, Schriften d. Vereins für d. Geschichte Leipzigs. Leipzig, Wörner, 1909 Bd.9
32 Das neue Schulhaus, Henn Ratingen 1950
33 Die zeitgemäße Schrift Leberecht, Franz & P.H. Richter Sonderheft C. Das Städt. Werklehrerseminar Verlag für Schriftkunde Heintze & Blanckertz, 1933
34 Die Schule der Demokratie Hylla, Erich Ein Aufriss des Bildungswesens der Verein. Staaten Julius Beltz Verlagsbuchhandlung (1928)
35 Wandtafel und Kreide Exner, Paul Ein Beitrag zur Belehrung und Vertiefung des Unter Bln., Wattenbach (1912)
36 Die Formensprache auf der Wandtafel Witzig, Hans Eine Wegleitung für den Lehrer zum freien und lebe Zürich, Verlag des Schweiz. Lehrervereins, 1951
37 Wandtafel und Kreide Othmer, Albert Gedächtniszeichnungen mit erläut. Text Leipzig. Teubner 1925
38 Wandtafelzeichnen Schürer, Ernst Aufgaben der Wandaufzeichnungen im Unterricht Berlin: Volk & Wissen Verlag, 1955
39 Zeitschrift für Lehrmittelwesen u. päd. Literatur Frisch, Franz Unter Mitwirkung von Fachmännern Wien: Pichler 1905
40 Methodik des Volksschulunterrichts in übersichtl. D Schwochow in übersichtlicher Darstellung Verlag von B.G. Teubner ca. 1910
41 Lehr- und Lernmittel für Volksschulen in der Provin Breslau, F. Hirt Provinz Brandenburg und in Groß-Berlin Leipzig, Hirt & Sohn o. J. (ca. 1913)
42 Das Rätsel Unterrichtsmittel in der Volksschule Karl Franz Für Lehrer und Lehramtskanditaten Verlag von Sallmayer & Comp. Wien 1876
43 Lehrmittel-Verzeichnis Dr. Günter Schuchardt, Göttingen 1955/56
44 Sortimentsliste Unterrichtsmittel, Staatl. Kontor f. Unterrichtsmittel 1989, Leipzig Eigenverlag 1987
45 Die Praxis in der Volksschule Kehr, C. Wegweiser zur Führung einer geregelten Schuldiszip Gotha, Thienemann, 1880
46 Schul-Praxis Dietz & Zieger Magazin für Lehr- und Lernmittel aller Länder Heitmann Vlg. Leipzig 1881 1. Band 1881 und 2. Band 1882
47 Grundstock einer Lehrmittelsammlung für die Volkss Berchtold, Joseph Ein Berater für Lehrer und Schulbehörden Diessen, Huber 1909
48 Lehr- und Lernmittel Döring, Klaus Wolf Zur Geschichte und Theorie Weinheim, Beltz 1969
49 Medien des Unterrichts Döring, Klaus Wolf Zur Geschichte und Didaktik der Hilfsmittel Weinheim, Beltz 1973
50 Bildungsstätten für die Jugend Stad Kassel Bildbericht Hrsg. Vom Magistrat der Stadt Kassel (1962)
51 Arbeitsschulkatalog Koeler & Volkmar Lehr- und Lernmittel zur Durchführung des Arbeitss Leipzig 1921
52 Im Amt Heinze, Wilhelm Ein Handbuch und amtlicher Führer für junge Lehrer 6. verbesserte Aufl. Goslar, Danehl 1908

53 Schulpraxis. Führer im Lehramt Hohmann, L. u. Nachschlagewerk für Schulaufsichtsbeamte Breslau, Hirt, 1903
54 Im Amt Heinze, Wilhelm Ein Handbuch und amtlicher Führer für junge Lehrer Osterburg, Danehl's Verlag 1898
55 Allgemeine Unterrichtslehre, Schulkunde Joseph Kehrlein, Albert Jammer Psychologie, Erziehungslehre Verlag von Ferdinand Schöningh, Paderborn 1915
56 Ährenfibel, Eine Ganzheitsfibel Josef Bey Bilder von Johannes Grüger Pädagogischer Verlag Schwann, Düsseldorf 1951
57 Frohes Schaffen und Lernen mit Schulanfängern Hermann Schulze, Rudolf Karnick Handbuch für die Arbeit im 1. Grundschuljahr Verlag Julius Beltz, Weinheim 1955
58 Heimatkundlicher Anschauungs-Unterricht Dr. phil. Emil Dickhoff Otto Schmidt, Karl Groch, Wilhelm Ratthen Verlag Julius Beltz, Langensalza, 1927
59 Abeze- und Lesebuch Joachim Heinrich Campe Erstdruck 1807, Nachdruck 1830 Die bibliophilen Taschenbücher Nachdruck Hubert Göbels 1979
60 Enzyklopädisches Handbuch der Pädagogik W. Rein, Jena Siebter Band Verlag von Hermann Beyer & Söhne, 1899 Langensalza
61 The Blackboard enters the American Classroom 1800 - Peggy Aldrich Kidwell An erasable surface as instrument and product American Scientific Instrument Enterprise 2003 Rittenhouse, Hastings-on-Hudson, 1800-1915

Abbildungsverzeichnis

„Wandtafelzeichnen in der Volksschule" von Eugen Oscar Breitinger und August Miklas, Die verschiedenen Konstruktionen der Schultafel unter Beachtung der äußeren Einflüsse auf die Entwicklung
Angebote aus Schropp's Lehrmittel-Wegweiser, 1928
Bayrisches Schulmuseum Ichenhausen
Celtis Gymnasium Schweinfurt
Deutsche Bibliothek Leipzig
Deutsches Schiefermuseum Steinach (Thüringen)
Fa. Christoph & Unmack
Friedrich Ernst Fischer KG, Schultafelfabrik
Fröbelschule Aschaffenburg
Heinrich-Stiefel-Schulmuseum, Ingolstadt
Katalog Karl Schulte
Lehrmittelkatalog der Hohenloher Schulmöbel und Turngerätefabrik
Museum Bischofswerda
Museum Köditz, Schule Pressek
PlüssStaufer Oftringen 1884-1959
Rheinische Schiefertafel-Fabrik Worms
Sächsisches Museum Zeulenroda
Schieferbruch Lehesten - Techn. Denkmal - Thüringer Schieferpark
Schulmuseum im Baptist-Graser-Gymnasium, Bayreuth
Schule Beratzhausen
Schule Kümmersbrück
Schule Marktbreit
Schule Parkstein
Schule Waldenburg
Schule Wendelstein
Schulmöbelfabrik Meyer
Schulmuseum Bayreuth
Schulmuseum der Volksschule Creußen
Schulmuseum Freital
Schulmuseum Friedrichshafen
Schulmuseum Leipzig, Werkstatt für Schulgeschichte Leipzig
Schulmuseum Lohr-Sendelbach
Schulmuseum im Kreismuseum Peine
Schulmuseum Weiler in Obersulm
Universität Bayreuth
Verlag B.G. Teubner, Leipzig-Berlin
Walldorfschule Hassfurt
Wilfried Steinhart
Wirtschaftsschule Krauss in Aschaffenburg
Wandtafelfabrik Gottfried Glasmachers, Essen

Franz Wich
Das große Buch der Schiefertafel

Ein wichtiges Hilfsmittel zum Erlernen des Schreibens und Rechnens war einst die Schiefertafel. Dieses Buch, das sich auf eine sehr umfangreiche Sammlung zu diesem Thema und eine jahrelange Sammel- und Recherchierarbeit stützt, soll die Zeit der Schiefertafel als einen Abschnitt in der Entwicklung des Bildungswesens untersuchen. Wir werden der Frage nachgehen, warum sie in den Schulen auftauchte, wie sie verwendet wurde und wie sie wieder aus den Klassenzimmern verschwand. Die Schiefertafel hatte ihre Glanzzeit in der Geschichte und wir werden versuchen, auf dieses eine Detail unserer Vergangenheit ein Schlaglicht zu werfen.

ISBN: 978-3-86634-375-7
123 Seiten Hardcover
14,95 Euro